东南交通·青年教师·科研论丛

粘贴加固混凝土梁的疲劳性能

张娟秀　叶见曙　编著

东 南 大 学 出 版 社
·南京·

内容介绍

粘贴钢板加固和粘贴碳纤维复合材料(CFRP)加固技术已被广泛地应用于混凝土旧桥加固改造中。粘贴加固钢筋混凝土构件的疲劳性能及其耐久性是国内外土木建筑领域的前沿课题。本书主要内容包括:粘贴钢板加固混凝土梁的疲劳性能、粘贴CFRP片材加固混凝土梁的疲劳性能、冻融条件下CFRP片材加固混凝土梁的疲劳性能、冻融条件下粘贴钢板加固混凝土梁的疲劳性能、粘贴加固混凝土梁损伤分析与疲劳分析和粘贴加固混凝土梁疲劳破坏模式。

本书可供研究人员、工程技术人员、土木工程、道路与桥梁工程的学生参考使用。

图书在版编目(CIP)数据

粘贴加固混凝土梁的疲劳性能/张娟秀,叶见曙编著.—南京:东南大学出版社,2014.11

(东南交通青年教师科研论丛)

ISBN 978-7-5641-5228-4

Ⅰ.①粘… Ⅱ.①张… ②叶… Ⅲ.①钢筋混凝土桥—梁桥—粘钢加固 Ⅳ.①U448.33

中国版本图书馆CIP数据核字(2014)第224838号

粘贴加固混凝土梁的疲劳性能

著　　者 张娟秀　叶见曙

责任编辑 丁　丁

编辑邮箱 d.d.00@163.com

出版发行 东南大学出版社

社　　址 南京市四牌楼2号　邮编:210096

出 版 人 江建中

网　　址 http://www.seupress.com

电子邮箱 press@seupress.com

经　　销 全国各地新华书店

印　　刷 南京玉河印刷厂

版　　次 2014年11月第1版

印　　次 2014年11月第1次印刷

开　　本 787 mm×1 092 mm　1/16

印　　张 8.75

字　　数 116千字

书　　号 ISBN 978-7-5641-5228-4

定　　价 36.00元

本社图书若有印装质量问题,请直接与营销部联系。电话(传真):025-83791830

总　序

在东南大学交通学院的教师队伍中，40岁以下的青年教师约占40%。他们中的绝大多数拥有博士学位和海外留学经历，具有较强的创新能力和开拓精神，是承担学院教学和科研工作的主力军。

青年教师代表着学科的未来，他们的成长是保持学院可持续发展的关键。按照一般规律，人的最佳创造年龄是25岁至45岁，37岁为峰值年。青年教师正处于科研创新的黄金年龄，理应积极进取，以所学回馈社会。然而，青年人又处于事业的起步阶段，面临着工作和生活的双重压力。如何以实际行动关心青年教师的成长，让他们能够放下包袱全身心地投入到教学和科研工作中？这是值得高校管理工作者重视的问题。

近年来，我院陆续通过了一系列培养措施帮助加快青年人才成长。2013年成立了"东南大学交通学院青年教师发展委员会"，为青年教师搭建了专业发展、思想交流和科研合作的平台。从学院经费中拨专款设立了交通学院青年教师出版基金，以资助青年教师出版学术专著。《东南交通青年教师科研论丛》的出版正是我院人才培养措施的一个缩影。该丛书不仅凝结了我院青年教师在各自领域内的优秀成果，相信也记载着青年教师们的奋斗历程。

东南大学交通学院的发展一贯和青年教师的成长息息相关。回顾过去十五年，我院一直秉承"以学科建设为龙头，以教学科研为两翼，以队伍建设为主体"的发展思路，走出了一条"从无到有、从小到大、从弱到强"的创业之路，实现了教育部交通运输工程一级学科评估排名第一轮全国第五，第二轮全国第二，第三轮全国第一的"三级跳"。这一成绩的取得包含了几代交通人的不懈努力，更离不开青年教师的贡献。

我国社会经济的快速发展为青年人的进步提供了广阔的空间。一批又一批青年人才正在脱颖而出，成为推动社会进步的重要力量。世间万物有盛衰，人生安得常少年？希望本丛书的出版可以激励我院青年教师更乐观、自信、勤奋、执着地拼搏下去，搭上时代发展的快车，更好地实现人生的自我价值和社会价值。展望未来，随着大批优秀青年人才的不断涌现，东南大学交通学院的明天一定更加辉煌！

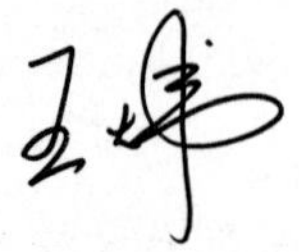

2014 年 3 月 16 日

前　言

在公路混凝土旧桥的加固中，粘贴钢板或碳纤维复合材料法的粘贴加固技术运用广泛。粘贴加固法的基本原理是对公路混凝土旧桥构件采用外贴钢板或 CFRP 片材，来恢复或提高混凝土构件的承载力和刚度，这正是桥梁工程师所期盼的，已有大量试验与研究证明粘贴加固法确能达到效果。但是，就桥梁加固构件而言，加固后的构件因采用粘贴加固方法也有本身引起的结构特性问题，例如在混凝土受弯构件受拉区表面粘贴钢板或 CFRP 片材，在竖向荷载作用下会出现钢板或 CFRP 片材的剥离，从而导致被加固的混凝土梁提前破坏，这种破坏一般是突然的。因此，必须重视结构在加固后的受力特性变化，研究变化产生的机理及规律，进而采取有效的技术措施，以保证结构加固后的效果。

桥梁是始终处于车辆、人群荷载和各种自然环境的共同影响下工作的人工构造物，尤其在恶劣环境下，结构的长期性能会有所下降。混凝土结构的冻融损伤及破坏现象已广泛存在。由于采用粘贴加固技术加固后混凝土构件出现疲劳受力特性问题，加之冻融环境的影响是客观存在的。本书作者对粘贴加固混凝土梁疲劳性能以及冻融循环作用对其疲劳性能的影响展开研究，取得了本书所介绍的研究成果。

本书内容包括：绪论，粘贴钢板加固混凝土梁的疲劳性能，粘贴 CFRP 片材加固混凝土梁的疲劳性能，冻融条件下 CFRP 片材加固混凝土梁的疲劳性能，冻融条件下粘贴钢板加固混凝土梁的疲劳性能，粘贴加固混凝土梁损伤分析与疲劳分析和粘贴加固混凝土梁疲劳破坏模式，共 7 章。其中第 1 章由叶见曙撰写，第 2～3 章、第 5～7 章由张娟秀撰写，第 4 章由叶见曙和张娟秀共同撰写，全书最后由张娟秀统稿。

本书研究工作得到了旧桥检测与加固技术交通行业重点实验室(北京)开

放课题基金和江西省交通科技项目的支持，在此表示衷心的感谢。本书研究工作是在东南大学道桥实验室老师和南航耿飞老师的帮助下完成的，在此对他们所作出的贡献表示衷心的感谢。

本书有幸出版，得到了江苏省优势学科建设资助，还要感谢东南大学交通学院青年教师发展委员会给予青年教师专著出版的支持与帮助。

由于作者水平所限，书中难免有疏漏及不足之处，敬请读者批评指正。

作　者

2014 年 6 月

目　录

第1章 绪 论

1.1 粘贴加固混凝土梁疲劳性能研究意义

混凝土桥梁占我国现役桥梁的绝大多数。随着国民经济的发展，对公路交通安全的要求越来越高，而许多运营的公路混凝土旧桥，特别是有些混凝土旧桥原设计荷载偏低，再加上超载车辆行驶，以及大气环境等外界因素的影响，导致桥梁结构产生病害和缺陷，严重影响到桥梁结构的安全性、适用性和耐久性。既有混凝土桥梁的维修加固具有深刻的工程背景和工程研究价值。

在公路混凝土旧桥的加固中，目前常用的加固方法是加大截面法、粘贴钢板或碳纤维复合材料法、预应力加固法、改变结构受力体系加固法等，特别是粘贴钢板或碳纤维复合材料法的粘贴加固技术运用广泛。在国内成功研制出了建筑结构胶后，粘贴钢板加固技术也迅速发展起来，20 世纪 90 年代，粘贴钢板加固技术在公路旧桥加固中得到充分发展，成为桥梁结构加固常用的方法之一。

粘贴钢板是采用环氧树脂系列黏结剂将钢板粘贴在混凝土结构物的受拉缘或薄弱部位，使之与结构物形成共同受力的整体，以提高刚度，改善原结构混凝土的应力状态，提高结构承载力，达到补强效果的一种加固方法。粘贴钢板加固在混凝土旧桥加固中的常用形式[1]有：主梁梁底粘贴纵向钢板加固（图1.1）、箱梁或T梁（或工字梁）腹板粘贴斜向钢板加固、悬臂梁牛腿处（图 1.2）或挂梁端部粘贴钢板加固等。

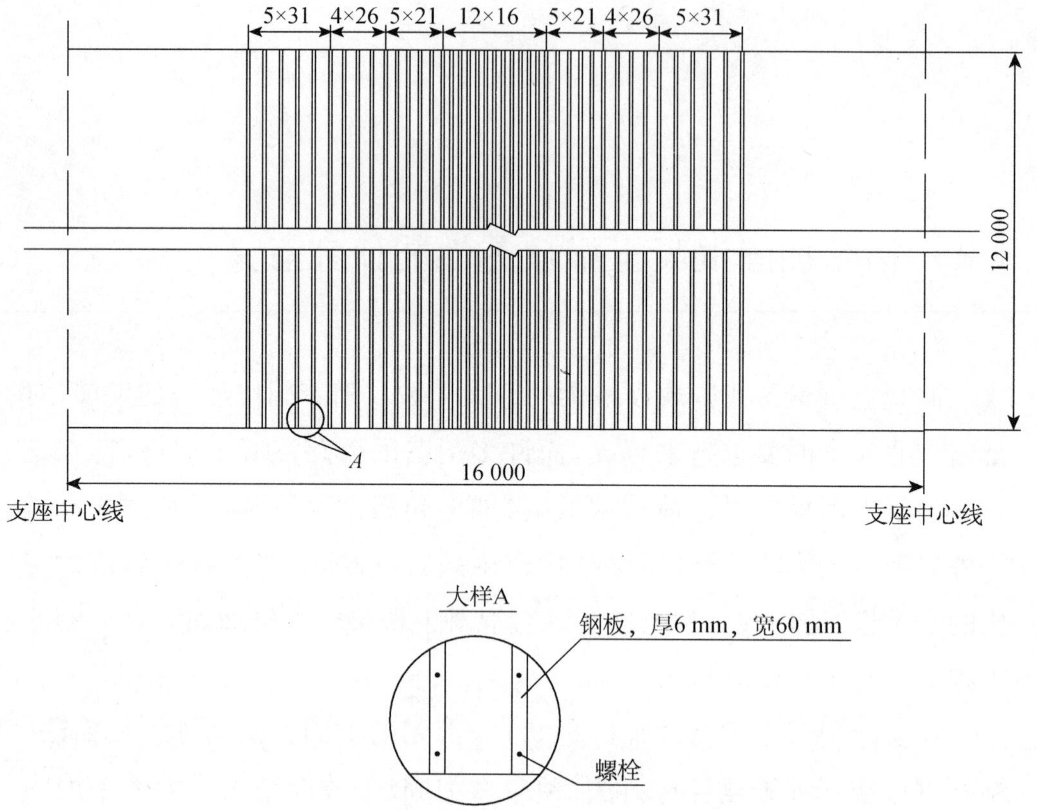

图 1.1　主梁梁底粘贴钢板加固示意图（单位：mm）

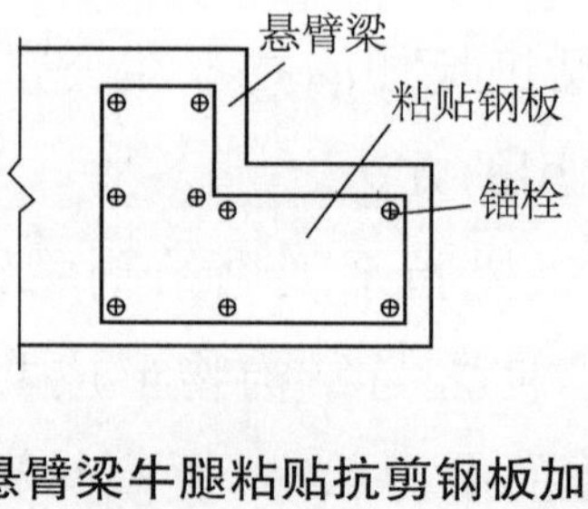

图 1.2　悬臂梁牛腿粘贴抗剪钢板加固示意图

20 世纪 90 年代以来，纤维增强复合材料（FRP）在土木工程中应用一直是国内外研究的热点。根据纤维种类的不同将 FRP 材料分为三类：玻璃纤维增强复合材料（GFRP）、碳纤维增强复合材料（CFRP）和芳纶纤维增强复合材料（AFRP）。其中碳纤维增强复合材料（CFRP）片材在混凝土旧桥结构加固工程方面应用最多，包括混凝土旧桥的基本构件和节点的加固补强，以提高构件的抗弯承载力（图 1.3）、抗剪承载力以及构件的刚度和延性。CFRP 片材包括用环氧树脂浸渍固化的碳纤维板或未经树脂浸渍固化的碳纤维布。

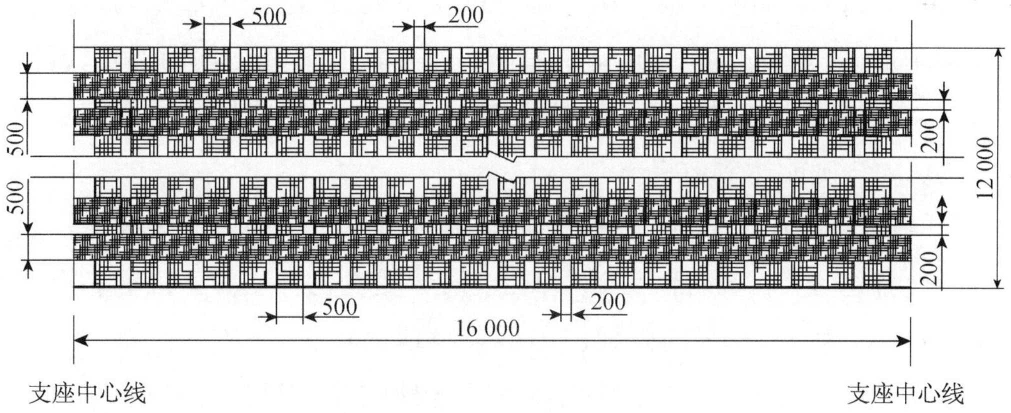

图 1.3　主梁梁底粘贴 CFRP 布（呈网格状）加固示意图（单位：mm）

粘贴碳纤维增强复合材料（CFRP）片材加固法是将片材用专门配制的粘贴树脂或浸渍树脂粘贴在桥梁混凝土构件需补强加固部位的表面，树脂固化后与原构件形成新的受力复合体，共同工作。粘贴 CFRP 片材加固法是粘贴钢板加固法的发展，除了碳纤维增强复合材料的强度比建筑用钢板强度高，弹性模量与钢材在同一水平上外，CFRP 用于加固混凝土旧桥结构的优点主要是密度小、重量轻，易于施工操作，并且有良好的抗腐蚀性能及耐老化性能。另外，由于需要加固和修复的混凝土桥梁结构是具有确定的形状和外观的，一般不允许加固改变其既有状态，采用柔性的纤维增强复合材料片材可广泛地适用于各种结构形状及结构部位的加固修补。碳纤维材料的这些优点，恰恰弥补了在桥梁结构加固上的不足之处。

粘贴加固法的基本原理是对公路旧桥构件采用外贴钢板或 CFRP 片材，来恢复或提高混凝土构件的承载力和刚度，这正是桥梁工程师所期盼的。目前从结构胶的基本力学性质，到粘贴钢板加固混凝土梁的黏结应力分布、承载能力、刚度提高、破坏机理等都进行了静力试验研究。理论上也研究得到了粘贴钢板锚固长度计算公式和相关加固设计计算公式[2]。CFRP 加固混凝土梁的静力试验研究、理论分析涉及构件的极限承载力、破坏模式、黏结构造、锚固技术等方面，研究了加固形式、锚固方式、加固量、纤维方向等因素的影响。已有大量静力试验与研究证明粘贴加固法确能达到效果。

但是，就桥梁加固构件而言，加固后的构件因采用粘贴加固方法也有本身引起的结构特性问题，例如在混凝土受弯构件受拉区表面粘贴钢板或 CFRP 片材，在竖向荷载作用下会出现钢板或 CFRP 片材的剥离，从而导致被加固的混凝土梁提前破坏，这种破坏一般是突然的。因此，必须重视结构在加固后的受力特性变化，研究变化产生的机理及规律，进而采取有效的技术措施，以保证结构加固后的效果。

在公路混凝土桥梁设计上，一般不考虑结构的疲劳问题，这是因为混凝土桥梁由可变作用引起的应力水平与永久作用引起的应力水平相比是比较低的，所以在公路桥梁设计规范[3-4]中，并没有规定构件设计疲劳验算。当采用粘贴加固技术对混凝土桥梁构件加固后，在粘贴加固锚固区存在应力集中以及加固截面与相邻原构件截面存在突变等原因，可能引起应力重分布从而导致局部区域处于高应力状态下工作，并使工作应力幅越来越接近疲劳应力幅而发生疲劳破坏。文献[5]的研究结果表明，经粘贴钢板补强的加固梁，则常因为梁端剪力区补强方式不够妥善，而使疲劳破坏多发生在梁端附近弯剪作用区，且破坏面约呈 45°。因此必须注意粘贴加固后混凝土梁的疲劳受力特性。

桥梁是始终处于车辆、人群荷载和各种自然环境的共同影响下工作的人工构造物，尤其在恶劣环境下，结构的长期性能会有所下降。在我国北方寒冷地区，桥梁结构在服役期内可能遇到的恶劣环境条件之一是冻融环境，混凝土可能受到冻融损伤甚至冻融破坏。还有一种冻融条件为盐冻，所谓盐冻是指盐类化合物和冻融的共同作用，这是一种最严酷的冻融环境，混凝土的破坏程度和速度比普通冻融大好几倍，甚至 10 倍。在寒冷地区，多在城市道路或立交桥中使用除冰盐融化冰雪，也会加速混凝土冻融破坏，其损害表现为由于除冰盐使混凝土表面水融化，引起混凝土表面温度显著下降，造成对混凝土温度冲击，使混凝土外层开裂；或者是随混凝土表面深度增加除冰盐浓度降低，对水的融点影响也不同，可能出现各层混凝土在不同时间内冻结现象，形成混凝土分层剥落。

混凝土产生冻融损伤甚至破坏有两个必要条件，一个必要条件是混凝土必须接触水或混凝土中有一定的含水量；另一个必要条件是混凝土结构所处的自然环境必须存在反复交替的正负温度。地处温度正负交替作用地区的混凝土桥梁结构接触了雨水、蒸气或受渗水作用的部分，也就会受到冻融作用。在我国，东北、华北、西北地区的混凝土结构遭受不同程度的冻融损伤甚至破坏，经相关调查[6]研究发现，在长江以北黄河以南的中部地区，混凝土结构的冻融损伤及破坏现象也广泛存在。

对于位于寒冷地区的公路混凝土桥梁，当其结构构件需采用粘贴加固方法以恢复或提高承载力时，面临的是受到冻融损伤的混凝土构件粘贴加固效果问题及技术对策，另一个是混凝土构件粘贴加固后，在冻融环境条件下的影响，应该看到，由于采用粘贴加固技术加固后混凝土构件出现疲劳受力特性问题,加之冻融环境的影响是客观存在的,应当明确冻融损伤对粘贴加固混凝土梁疲劳性能的影响,对客观存在的冻融环境下的混凝土桥梁加固具有十分重要的工程意义。

1.2 粘贴加固混凝土梁疲劳性能研究现状

目前与粘贴加固混凝土梁疲劳性能方面有关的研究主要涉及疲劳累积损伤理论分析研究、疲劳试验研究、冻融试验研究以及疲劳寿命预测。

1.2.1 疲劳累积损伤理论

适当的累积损伤模型是正确描述结构或构件在循环荷载作用下的疲劳累积损伤发展过程,进行结构抗疲劳设计或结构寿命评估的基础。

损伤(damage)[7],通常解释为受损伤物体的价值或用途减小了。其物理解释通常将损伤概念与失去完整性相联系,例如,微观裂纹的形成、物理性能的下降(如强度退化)等。疲劳损伤在物理上其形式是多种多样的,这是疲劳强度和疲劳寿命分析困难的根本所在。目前定义损伤变量有两种途径:①微观的或物理的;②宏观或唯象的。从微观或物理角度定义疲劳损伤有很多方式,如:在疲劳损伤区内微观裂纹的密度、空洞体积(面积)比、声发射量、超声波等。从宏观和唯象的角度定义疲劳损伤主要有:Miner 损伤为 $\frac{1}{N}$(N 是对应于给定应力水平的材料的疲劳寿命)、剩余刚度、剩余强度、循环耗散能、阻尼系数滞后能(滞后相位角)等。

任何一个疲劳累积损伤理论必定以疲劳损伤 D 的定义为基石,以疲劳损伤的演化为基础。一个合理的疲劳累积损伤理论,其疲劳损伤 D 应该有比较明确的物理意义,有与试验数据比较一致的疲劳损伤演化规律,同时使用比较简单。

按照疲劳累积损伤规律,目前所提出的疲劳累积损伤理论可归纳为以下常用的几类疲劳累积损伤理论。

1）线性疲劳累积损伤理论

线性累积损伤理论就是指在循环荷载作用下,疲劳损伤是可以线性地累加的,各个应力之间相互独立,互不相干,当累加的损伤达到某一数值时,试件或构件就发生疲劳破坏。

疲劳过程既可以看成是损伤趋于一个临界损伤值的累积过程,也可以看成是材料固有寿命的消耗过程。疲劳损伤积累是线性的这一假设最初是 Palmgren 于 1924 年提出的。他在估算滚动轴承的寿命时,假设损伤积累与转动次数成线性关系。1945 年 Miner 又根据材料吸收净功的原理给出了疲劳线性累积损伤的数学表达式,并进一步提出:在疲劳试验中,试件在给定应力水平的反复荷载作用下,其损伤可以认为与应力循环次数成线性积累的关系,当损伤积累到某一临界值时,就产生破坏。因此线性累积损伤准则又称为 Palmgren - Miner 线性累积损伤准则。简称为 P-M 准则。

P-M 准则认为一个应力循环所引起的损伤为 $\frac{1}{N_i}$（N_i 为某应力水平 S_i 下等幅荷载作用下疲劳破坏所需的荷载循环次数)。利用这一准则,就可以根据等幅疲劳试验得出的 S-N 曲线,判别在变幅重复荷载作用下是否发生疲劳破坏,从而我们可以得到多级循环应力水平下的损伤为[8]

$$D = \sum_i D_i = \sum_i \frac{n_i}{N_i} \tag{1.1}$$

式中　D_i ——在应力水平 S_i 下的损伤分数;

n_i ——在 S_i 下试件经历的实际循环次数；

N_i ——在 S_i 下试件到达破坏时的循环次数。

当损伤分数的和达到某一临界值(按照 P-M 准则，通常取为 1)，即满足 $D \geqslant 1$ 时便可认为发生疲劳破坏。

实际上，Miner 理论中还假设不同载荷水平的载荷引起失效所需要的能量相同(即外力做的功相同)，以及在整个寿命过程中无论是第一循环还是最后一个循环引起的损伤相同。显然 Miner 的假设显著简化了疲劳机理。

另外，从理论和试验[9-10]都可以证明疲劳损伤不仅与变幅疲劳荷载的大小有关，而且还与其加载顺序有关。大量的试验证明疲劳损伤随着加载次数呈递增变化，损伤的累积过程表现为非线性规律，因此 Miner 准则并不完全适用。

如果把 Miner 理论用曲线图表示出来，令损伤 D 为纵坐标，寿命分数 $\frac{n}{N}$ 为横坐标，结果是一条直线(图 1.4)。事实上，根据试验结果，疲劳损伤一般是以非线性的形式累积的，如图 1.2 中曲线 1 或曲线 3 所示。图中较低的曲线 3 对应较低的应力水平。

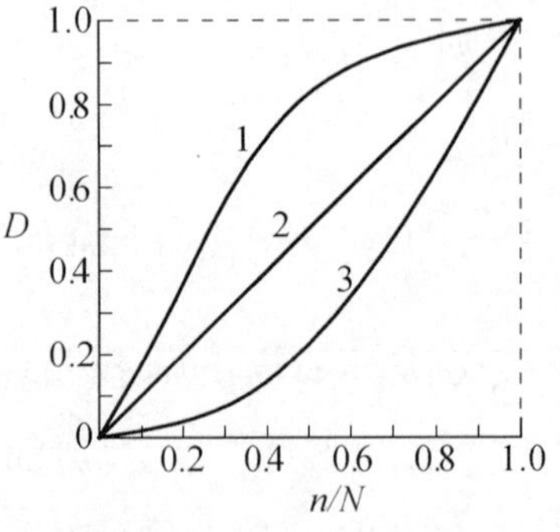

图 1.4 损伤曲线图

2) 双线性疲劳累积损伤理论[8]

上面提到的线性疲劳累积损伤理论，没有考虑载荷顺序对疲劳损伤的影响。例如，在两级应力水平的试验中，当应力顺序为从高到低时，$\sum_i \frac{n_i}{N_i}$ 值小于 1；反之，当应力顺序为从低到高时，$\sum_i \frac{n_i}{N_i}$ 值大于 1。这主要是因为 Miner 线性疲劳累积损伤准则无法将疲劳过程中的裂纹形成和裂纹扩展两个阶段区分开来的缘故。于是，Crover 和 Langer 等人提出了双线性疲劳累积损伤理论，该理论的特点在于：①将疲劳损伤过程中的两个阶段分开，考虑了加载顺序对这两阶段的不同影响，因此比线性损伤规则更加吻合试验结果；②保持了形式简单、应用方便的常数。

该理论的不足之处主要为：①理论模型还不能较为精确地模拟实际的损伤过程；②两阶段的拐点不易确定，模型不便直接应用于工程实际。

该理论的示意图见图 1.5。该图相当于第一种应力为高应力，而构件最后在较低的第二种应力作用下工作到破坏的情况。图中横坐标表示第一种应力水平下施加的循环比 $\frac{n_1}{N_1}$，纵坐标表示第二种应力水平下的剩余寿命循环比 $\frac{n_2}{N_2}$，虚线 AC 代表线性累积损伤定律。

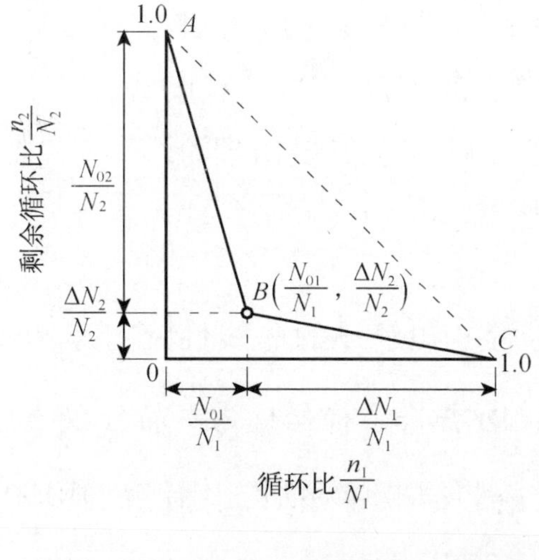

图 1.5　双线形疲劳累积损伤示意图

按照双线性疲劳累积损伤理论，假设在给定的应力水平下施加的循环比 $\frac{n_1}{N_1}$ 小于达到裂纹形成所要求的数值，则估算的剩余寿命循环比 $\frac{n_2}{N_2}$ 将落在 AB 线上。因此，AB 线就代表裂纹形成的线性累积损伤定律。B 点代表在第一种应力水平下裂纹形成阶段结束时的循环比，如超过 B 点后进入第二种应力水平，则此时的剩余循环比处于裂纹扩展阶段，即 BC 线代表裂纹扩展的线性累积损伤定律。B 点的坐标为$\left(\frac{N_{01}}{N_1}, \frac{\Delta N_2}{N_2}\right)$。

3）非线性疲劳累积损伤理论

线性累积损伤理论比较简单方便，在初始阶段，作为粗略地估算疲劳寿命是一个有力的工具。但是后来发现试样到达疲劳破坏时，$\sum_i \frac{n_i}{N_i}$ 不一定等于 1，而是与 1 相差一些，有时甚至相差很远。产生这样大的偏差，其主要原因是由于线性累积损伤理论没有考虑应力之间的相互作用，其次线性损伤理论认为低于疲劳极限的应力不产生疲劳损伤。实际上，低于疲劳极限的应力对于裂纹形成是无能为力的，但它可以扩展已形成的裂纹。为了克服线性损伤理论的缺点，后来许多人提出了非线性疲劳累积损伤理论[11-15]，包括 Macro-Starkey 理论、Corten-Dolan 理论、Manson 理论、Henry 理论及 Subramanyan 理论等。

Macro-Starkey 是提出较早的非线性疲劳累积损伤模型之一。图 1.6 为该理论模型的示意图。横坐标为寿命分数 $\frac{n}{N}$，纵坐标为损伤 D，r 为应力水平。无论载荷顺序如何，当损伤 D 达到 1 时就发生疲劳破坏。

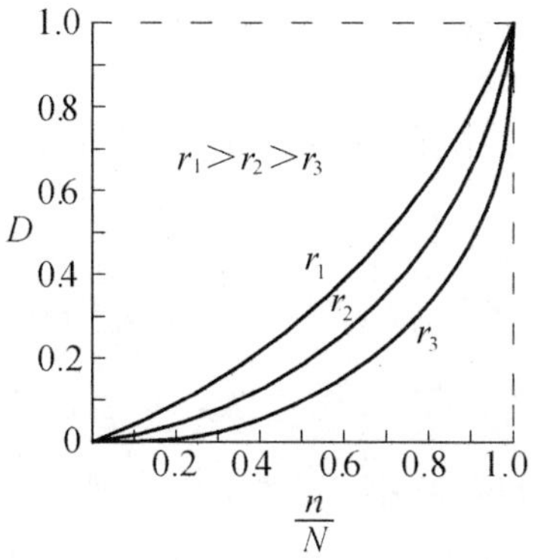

图 1.6 Macro-Starkey 疲劳损伤曲线

Corten-Dolan 从理论上和实验上研究各种变化的交变应力历史对疲劳寿命的影响。他们先从疲劳损伤的物理概念出发，推出二级载荷下疲劳寿命的表达式。然后进行实验，验证所作的假定是否正确。接着将二级载荷下的疲劳寿命公式推广到多级载荷情况，最后再进行连续变化的应力历史试验，以证明这种推广是否合理。

Manson 从实验基础上建立了一个损伤理论，他认为试件受到一定应力历史后，一般说应力历史对高应力疲劳寿命影响较小，对低应力疲劳寿命影响较大。其二级加载疲劳损伤曲线绘制见图 1.7，纵坐标 D 为

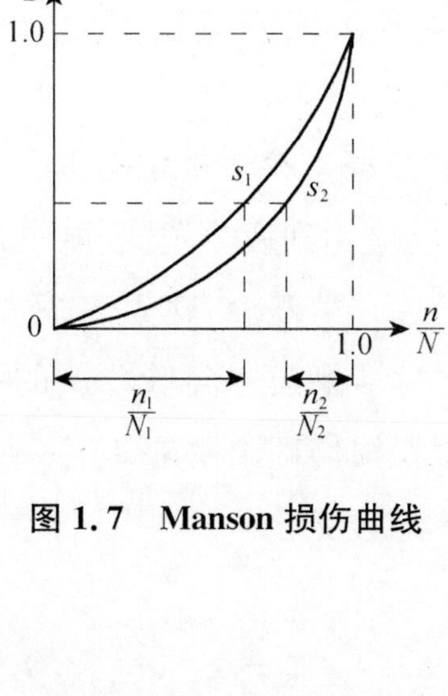

图 1.7 Manson 损伤曲线

在二级加载下的非线性损伤，$\frac{n}{N}$ 为横坐标。n_1 和 n_2 分别为在应力水平 S_1 和 S_2 下试件经历的实际循环次数，N_1 和 N_2 分别为在应力水平 S_1 和 S_2 下试件到达破坏时的循环次数。

Henry 理论的实质就是疲劳极限下降的理论，这是一种计算前一级载荷损伤并逐步下降 S-N 曲线的方法，并且必须知道施加的载荷次序。该理论中的损伤值 D 与应力水平、疲劳极限以及循环次数比等因素有关。Henry 理论反映了载荷顺序对疲劳累积损伤的影响。另一方面，受损材料 S-N 曲线方程中包含了疲劳损伤因素，它与无损材料 S-N 曲线方程形式相同，也表明受损后材料的 S-N 曲线实际上是无损材料 S-N 曲线发生某种移动的结果。该理论同样具有模型公式较复杂，理论计算与试验结果有出入的缺陷。

Subramanyan 理论认为：在不同的应力水平下，达到某一特定损伤状态所需要的循环数落在一条支线上，且这种等损线汇聚于 S-N 曲线的拐点，S-N 曲线为极限等损伤线；损伤 D 定义为等损伤线与极限等损伤线的斜率之比。该理论给出了两级和多级应力作用下的累积损伤规律模型，详见文献[15]。应指出的是，Subramanyan 理论中汇聚概念与实际物理意义相矛盾，且部分试验结果与理论计算不符。但对于从另外角度认识疲劳损伤的宏观物理意义具有较大的参考价值。

4）基于热力学势的疲劳累积损伤理论

损伤力学研究方法已应用到疲劳领域，损伤力学方法以热力学原理为背景，借助严密的数学、力学概念，建立表征损伤演变规律的发展方程。此法突破了根据试验结果建立经验公式的传统方法，研究前景广阔。Chaboche[16]疲劳累积损伤理论便是其中一例。此类疲劳累积损伤模型理论性较强，公式形式复杂。

5）概率疲劳累积损伤理论

上述疲劳累积损伤理论都是基于“确定性”的基础之上的，概率疲劳累积损伤理论是建立在对疲劳损伤演化过程的认识基础上的。疲劳损伤的基本特征是疲劳累积损伤过程的不可逆性和疲劳累积损伤的随机性。疲劳累积损伤过程的不可逆性从微观上看是指材料的微观结构和组织的“缺陷”在不断增加，从宏观上看是指累积损伤是荷载循环数的广义单调增函数。疲劳累积损伤的随机性是由两大原因引起的：一是由材料微结构的不均匀性、构成物质的不均匀性、缺陷分布的不均匀性等内部因素引起的不确定性，称之为内在分散性；另一是由外荷载的随机性、试件几何尺寸、服役环境等引起的不确定性，称之为外在分散性。概率疲劳累积损伤理论中疲劳寿命 N 及疲劳损伤 $D(n)$ 不是一个确定的量，而是随机变量。

1.2.2 粘贴加固混凝土梁疲劳性能的研究

在粘贴钢板加固混凝土梁的疲劳受力特性方面国内外学者做了不少有益的探索，中国建筑科学研究院建筑结构研究所万墨林[17]对粘贴钢板加固的钢筋混凝土梁进行静力和疲劳试验研究，主要研究钢板与梁受拉区的连接分别采用胶粘、膨胀螺栓锚固及胶栓共同粘锚三种锚固方法下梁的疲劳性能，试验表明，在静载作用下三种连接方法的梁均能满足规范强度计算的要求，而在疲劳荷载作用下，仅胶栓共同粘锚的梁能满足中级工作制吊车梁抗疲劳要求，其他两种锚固方式的加固梁不能满足。

山东工业大学雷淑忠和山东农业大学的翟爱良等[18][19][5]通过对钢筋混凝土梁粘贴钢板后进行静载弯曲试验及疲劳试验，探讨了钢板厚度、锚固措施对粘贴钢板补强梁的静载性能的影响，以及钢板厚度、混凝土强度对粘贴钢板补强梁的疲劳性能的影响。试件采用 75 mm×150 mm矩形截面钢筋混凝土梁(图 1.8),纵筋直径为 8 mm 或 10 mm,箍筋为 ϕ4@75 mm。混凝土梁采用 C20 或 C30,粘贴钢板厚为 3 mm 或 1.5 mm。疲劳加载的循环特征值为 0.1,试验加载至破坏或者当疲劳循环 20 万次且无异常时再做静载至破坏。粘贴于梁底部受拉区补强钢板为 800 mm,均采用 U 形钢板锚固,由于其锚固位置位于支座附近,U 形钢板兼作剪力板,以防止受剪破坏。U 形板采用 1.5～3 mm 厚热轧钢板,布置长度 150 mm,高度为 60 mm。试验中观测到有试验梁在循环 1 000次时出现弯剪裂缝,也观察到有试验梁的粘贴钢板脱胶现象,且在循环 1.8 万次时,观测到钢板端部脱胶处混凝土出现 0.1 mm 斜裂缝。研究表明:采用 U 形锚固板或螺栓锚固措施,尤其是 U 形板锚固,可改善粘贴较厚钢板加固梁延性较低的现象;在粘钢补强设计中,必须充分注意补强钢板与芯梁间刚度要匹配,并非所补钢板越厚越好,只要粘钢补强的钢板配置适当时,粘钢补强梁钢筋混凝土梁的疲劳强度将有明显提高,其裂纹萌生寿命也显著地延长;混凝土强度等级对粘钢的影响较大,当对较高混凝土强度试件进行粘钢补强时,疲劳性能要好一些,不仅开裂延迟,而且疲劳强度也获得提高。

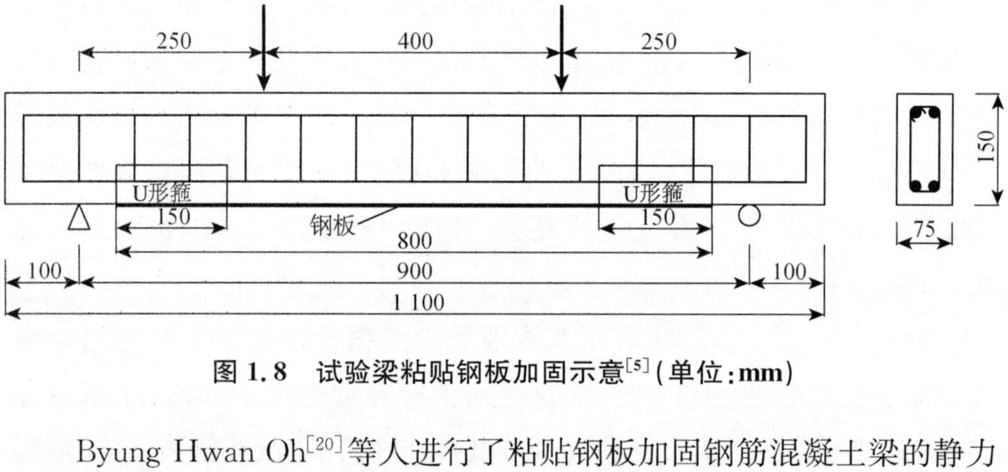

图 1.8　试验梁粘贴钢板加固示意[5](单位:mm)

Byung Hwan Oh[20]等人进行了粘贴钢板加固钢筋混凝土梁的静力

和疲劳性能的试验研究，钢筋混凝土梁的截面为150 mm×250 mm，梁长为2.4 m，计算跨径为2.1 m。在14根梁的静载试验中主要考虑了钢板厚度、锚固层厚度和剪跨比等因素的影响，6根粘贴钢板加固梁的疲劳试验中主要考虑参数是疲劳荷载水平。疲劳试验的结果表明，在低疲劳荷载水平下，粘贴钢板加固后梁的疲劳力学性能有显著的增强，承受同样次数的疲劳荷载后，加固后的梁与未加固的梁相比，其变形有大幅度的下降。在高疲劳荷载水平下，加固梁的疲劳破坏为钢板剥离破坏。

CFRP在上世纪60年代中期问世之初，主要用于航空航天领域。近十几年来，随着材料工业的发展，制造成本的降低，CFRP在加固修复钢筋混凝土结构上的应用也迅猛发展起来。目前CFRP已经广泛用于混凝土结构的承载力加固和耐久性加固，对此国内外学者进行了大量的试验研究，取得了一些有价值的成果，我国还制定了相应的加固设计规范[21-24]。

在国际上，瑞士联邦建材检测实验室(EMPA)首先开发了加固工程用CFRP板材[25]。最早进行FRP抗剪加固研究的是麻省理工学院的Berset教授。他将玻璃纤维织物粘贴到梁的剪弯区段的两侧面，以达到抗剪加固的目的。在FRP抗弯加固研究方面，R. Jones和R. N. Swamy等人(1980)通过两点加载试验，研究了不同剪跨比下CFRP布加固混凝土梁的受力性能。L. C. Hollawa和H. N. Garden等人(1998)通过试验研究，得到了加固构件的剪跨/梁高与破坏形式和抗弯承载力之间的规律。Omar Ahmed等人(2001)研究了CFRP布端部锚固长度与构件的抗弯承载力之间的关系。

1999年，英国学者Barnes和Mays[26]进行了5根2.3 m长的CFRP加固钢筋混凝土矩形梁的疲劳试验，其中两根为未加固的对比梁，另外3根采用90 mm宽的CFRP板在梁底粘贴加固，并在端部采用钢板对CFRP板进行锚固，以防止CFRP板的端部拉脱现象。试验中他们运用了 3 种加载方式:①对加固与未加固梁应用相同的疲劳荷载;②对加固与未加固梁的主筋中应用相同的疲劳应力幅值;③对加固与未加固梁都应用相应静载极限承载力的相同百分比值。从试验结果来看:钢筋的疲劳断裂是加固梁疲劳破坏的主要因素,同时文中提出了 CFRP 板加固钢筋混凝土梁的一个疲劳设计准则,即应限制钢筋混凝土梁中钢筋的疲劳应力幅值。

同年美国学者 Shahawy 和 Beitelman[27]在静载试验的基础上,也进行了 6 根 CFRP 布加固 T 梁的疲劳试验,试验梁跨径 5.79 m,采用底面和侧面全部包裹 CFRP 布的形式加固。试验研究了不同层数 CFRP 布对试验梁的加固效果,同时还对疲劳损伤后再加固梁进行了研究。试验表明,对已严重开裂的试验梁,用 CFRP 布加固后其疲劳寿命大为增加,再一次验证了 CFRP 加固混凝土梁的有效性。

2001 年,学者 Sherif El-Tawil 等[28]对碳纤维加固钢筋混凝土结构的疲劳性能进行了理论分析。作者通过建立分析模型对碳纤维加固钢筋混凝土结构的疲劳过程进行了模拟计算,计算结果与两组疲劳加固试验结果基本一致。分析结果表明,在疲劳荷载作用下,钢筋与碳纤维的应力不断的重新分布,这种应力的重新分布类似于蠕变现象。同时作者提出,当采用碳纤维加固钢筋混凝土结构时,在正常使用条件下结构中钢筋应力应限制在其屈服强度的 85%以内,即 $\sigma_s < 0.85 f_y$。

Heffernan 等[29]进行了 24 根 3 m 长和 6 根 5 m 长的 CFRP 加固钢筋混凝土梁的静力和疲劳试验研究,结果表明,所有梁疲劳破坏都是主筋的疲劳断裂,主筋的应力幅决定 CFRP 片材加固梁的疲劳寿命。

John Adioo 等[30]以 2 根钢筋混凝土 T 梁的疲劳试验结果作对照,对不同疲劳荷载水平下 4 根受弯区粘贴 CFRP 的钢筋混凝土 T 梁进行了疲劳试验研究来验证 CFRP 修复结构的效果,T 梁长 6.1 m,计算跨径 5.64 m,疲劳加载采用三点弯曲加载。试验结果表明 CFRP 片材加固的钢筋混凝土梁的疲劳寿命主要取决于钢筋应力幅。加固后，梁的疲劳寿命有了明显的提高，这是由于 CFRP 分担了一部分拉力，从而减少了钢筋所承受的拉力，文献还指出加固梁疲劳寿命的提高还受到了 CFRP 与混凝土之间黏结质量的影响。

随后，John Adioo 等[31]又进行了 2 根钢筋混凝土 T 梁和 8 根用 CFRP 修复的钢筋混凝土 T 梁的静力和疲劳试验研究，试验中的钢筋混凝土 T 梁都取自一个退役的州际公路桥，该桥梁已经服役 42 年。疲劳试验中，主要对比分析了 3 种不同的 CFRP 修复方法的试验梁和未修复的钢筋混凝土 T 梁的疲劳性能，3 种不同的 CFRP 修复方法为普通粘贴 CFRP、表面嵌贴(near-surface mounted, NSM)CFRP、锚栓安装(poeder actuated fasteners, PAFs)CFRP。200 万次疲劳循环后的静力破坏试验结果表明，3 种方法 CFRP 修复都能增强梁的承载能力，都能使钢筋应变减小；锚栓安装修复方法可以在紧急情况下采用，然而应控制在较小的疲劳荷载水平下。

Mahmut 等[32]进行了 1 根钢筋混凝土矩形截面梁和 4 根 CFRP 加固梁的抗弯疲劳试验研究，4 根 CFRP 加固梁的加固方法分别为：①仅采用粘贴 CFRP 布加固；②采用粘贴 CFRP 布加固，并且两端用 4 个玻璃纤维锚栓锚固；③采用粘贴 CFRP 薄板加固；④采用螺栓锚固 CFRP 薄板加固。通过对比分析试验梁疲劳循环 200 万次后的静力试验结果得出，使用玻璃纤维锚栓锚固的 CFRP 加固梁能显著增加梁极限承载力；采用螺栓锚固 CFRP 薄板加固可替代环氧树脂黏结 CFRP 薄板加固。

Y. C. Wang 等[33]对 3 根在疲劳循环 1 万次或 100 万次后的 CFRP 加固钢筋混凝土 T 梁进行了试验研究，其中 1 根梁仅采用粘贴 CFRP 加固，另外 2 根梁采用粘贴 CFRP 加固并用玻璃纤维(GFRP)布 U 形箍锚固。试验结果表明，采用 GFRP 布 U 形箍锚固的 CFRP 片材加固梁有良好的受力性能。

加拿大学者 Gheorghiu 等[34]通过对 CFRP 材料加固钢筋混凝土梁在低荷载水平下(15%～35%屈服荷载)和高荷载水平(75%屈服荷载)下分别疲劳循环不同次数后进行静力破坏试验研究,结果未发现疲劳应力幅和疲劳次数对 CFRP 加固梁的极限承载力和荷载—挠度曲线产生影响。

李源等[35]进行了碳纤维布加固混凝土梁的疲劳试验研究,试验表明:碳纤维布加固的混凝土梁经 200 万次疲劳后,强度和刚度不会降低,不会发生剥落和脆断现象,能满足使用要求。

刘沐宇等[36-37]进行了 CFRP 布加固完好混凝土梁和损伤混凝土梁的疲劳性能试验研究。试验梁为 110 mm×210 mm 矩形截面梁,跨径为 1 260 mm,通过分配梁实现两点对称加载，共 4 片，其中 1 片梁做静载试验，以测得梁的开裂荷载和极限荷载。3 片梁用于疲劳加载，其中 1 片梁为完好梁，2 片梁为先加静载使梁损伤开裂后再粘贴碳纤维加固，用于模拟在役结构损伤开裂后进行加固的情况。试验结果表明:CFRP 加固混凝土经过一定次数的疲劳循环荷载后,碳纤维布与混凝土界面黏结良好,能够满足加固要求;梁的疲劳破坏均为钢筋疲劳断裂而非混凝土压坏或 CFRP 黏结破坏和拉断,其破坏模式与未加固的梁无明显区别,疲劳寿命取决于钢筋的应力幅。

陈永秀[38]进行了碳纤维布加固钢筋混凝土梁正截面的疲劳性能试验研究,7 个试件的试验包括 3 个静载试验和 4 个疲劳试验,静载试验和疲劳试验中各包含 1 个未加固梁的对比试验,疲劳试验的研究参数为碳纤维布的粘贴层数和有无 U 形箍锚固。研究表明,采用碳纤维加固钢筋混凝土梁能提高梁的疲劳承载能力和刚度,碳纤维有效抑制疲劳裂缝的发展;试验所采用的黏结剂能具有较好的耐疲劳性能,未发现碳纤维剥落现象。

王希超等[39-40]进行了碳纤维布加固钢筋混凝土梁的疲劳试验研究,

通过对未加固梁和不同粘贴层数的 CFRP 加固梁在 200 万次疲劳加载后静力试验结果的对比分析得出:粘贴碳纤维布可以较大提高钢筋混凝土梁的疲劳性能,延长钢筋混凝土结构的使用寿命。经过相同次数的疲劳荷载作用后,粘贴 2 层碳纤维布加固梁的挠度比未加固梁挠度减少 7%～13%,粘贴 2 层碳纤维布加固梁的应变比未加固梁挠度减少 18%～33%。对结构挠度有严格要求的桥梁结构,应粘贴 2 层以上的碳纤维布。加固梁的疲劳抗裂性有了较大的改善,碳纤维布加固梁在承受较高荷载时,其承载能力主要取决于黏结剂和混凝土的力学性能,另外施工质量也是影响加固效果的关键因素。

黄培彦,姚国文等[41-49]以碳纤维薄板(CFL)增强 RC 梁为研究对象,通过对循环载荷作用下增强梁的弯曲试验研究和理论分析,研究结果表明,CFL 增强 RC 梁的疲劳损伤演化历程包括混凝土开裂、CFL 与混凝土剥离、钢筋屈服等过程,具有明显的疲劳损伤形成、稳定扩展、失稳扩展三阶段发展规律,根据增强梁的载荷、挠度历程可以得到抗弯刚度演化历程。用 CFL 增强 RC 梁的剩余抗弯刚度来度量其疲劳损伤变量具有明确的物理意义,在此基础上建立的疲劳损伤演化方程能够准确模拟 CFL 增强 RC 梁的疲劳损伤破坏过程,进一步结合抗弯刚度可预测其剩余疲劳寿命。

石启印[50-51]进行 3 根 CFRP 加固梁及 1 根对比梁的抗弯疲劳试验,研究了碳纤维布加固方式、构件使用荷载等参数对碳纤维布加固损伤钢筋混凝土吊车梁的抗弯疲劳性能影响。采用 T 形截面,跨度3 m。试验是通过分配梁将荷载对称分配于梁三分点处(图 1.9),在跨中形成纯弯段。构件配筋设计时也作相应处理,确保构件不发生弯曲破坏以外的其他破坏模式。试验首先采用静压的方式使构件受弯区主裂缝达到工程容许的最大裂缝宽度(0.2 mm),再采用 CFRP 布对构件进行加固,为对比加固效果,试验中分别采用不同的加固方式及不同的荷载水平,循环

图 1.9 试验加载图[50]

荷载的最小荷载为 5 kN,最大荷载分别为 55 kN 和 70 kN。

试验中观测到无 U 形箍的试验梁加载至5.737 5万次时,梁端部 CFRP 连同混凝土保护层一起发生剥离。设有 U 形箍(图 1.10)的试验梁梁底黏结树脂的剪切变形减小,从而使纵向受拉的 CFRP 布更有效地参与受力,提高加固构件的抗疲劳性能。构件的挠度及混凝土、钢筋、CFRP 的应变在初始 2 万次循环后趋于稳定;在随后的 2 万~7 万次疲劳循环中,构件挠度以及材料(钢筋、混凝土及 CFRP) 的应变发展比较缓慢;当构件循环至 7.53 万次时,构件挠度增长迅速,继续循环 4 800 次,构件底部 CFRP 发生断裂。研究表明:采用碳纤维布加固后,构件裂缝的宽度减小50.2%~66%,发展速度也得到控制,钢筋应力减小 24.1% ~28.2%,构件的刚度提高 14.9% ~16.1%;CFRP 加固钢筋混凝土吊车梁的疲劳刚度计算方法可用于吊车梁加固设计工程。

姚允武[52]研究了疲劳荷载作用下的碳纤维与混凝土黏结界面间的抗疲劳性能,研究结果表明用界面剪切疲劳试验代替弯曲疲劳试验去考察碳纤维与混凝土界面间黏结强度的疲劳性能具有更高的精度和效率;

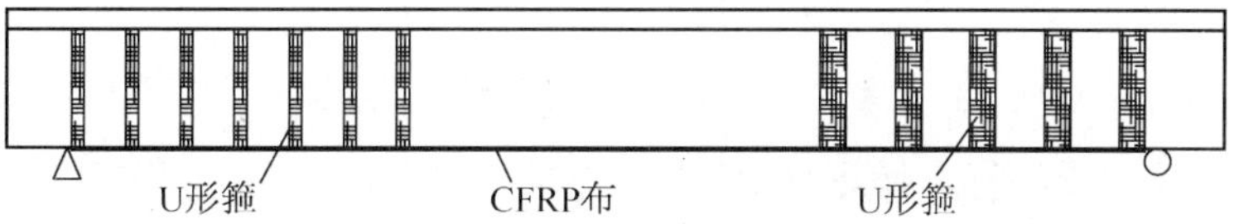

图 1.10 粘贴 CFRP 加固 U 型箍示意图[50]

在疲劳荷载的作用下，碳纤维布与混凝土界面间的黏结强度将下降，因此在碳纤维加固的混凝土梁的设计中，应重视疲劳荷载导致的界面黏结强度降低的问题，并且设计时应对黏结剪切强度赋予一定的安全系数。

汝海峰[53]以 CFRP 加固钢筋混凝土梁的疲劳试验为基础，分析 CFRP 加固混凝土受弯构件在高周重复荷载作用下的变形性能，研究结果表明：加固梁在疲劳荷载作用下刚度降低，裂缝宽度增大；试验统计和采用换算截面法得到的 CFRP 加固钢筋混凝土梁的疲劳刚度计算公式，其结果与试验数据吻合良好。

1.2.3 粘贴加固混凝土梁疲劳寿命预测

在目前国内外对粘贴加固混凝土梁疲劳性能研究中，对粘贴加固混凝土梁的疲劳寿命预测一般采用两种方法：*S-N* 曲线经验法[29][50]；基于疲劳累积损伤理论的方法[41-42][44]。

1）*S-N* 曲线经验法

S-N 曲线由于形式简单，目前仍然是处理钢筋混凝土等复合材料疲劳寿命问题最普遍的方法。

众多研究表明[26-27][29-30]，粘贴加固混凝土梁的疲劳破坏一般是以钢筋疲劳断裂为标志，可以钢筋材料作为钢筋混凝土构件疲劳寿命预测的基础。可根据疲劳荷载水平下钢筋的应力幅 $\Delta\sigma$，或在试验中直接测出钢筋的动应变求得 $\Delta\sigma$，然后求得构件总的疲劳寿命 N，减去构件已承受的荷载循环次数便可得到构件的剩余疲劳寿命。虽然 S-N 曲线对钢筋混凝土等复合材料的疲劳寿命能进行预测,但是 S-N 曲线是在等幅应力下得到的,对多级应力及变幅荷载下疲劳过程的描述显得乏力。

2) 基于疲劳累积损伤理论的方法

工程结构的疲劳破坏或失效是由一系列的变幅循环荷载所产生的疲劳损伤的累积而造成的。由疲劳荷载作用下疲劳损伤的累积规律和疲劳破坏的准则,就可以预测疲劳寿命。

疲劳累积损伤理论可分为确定性疲劳累积损伤理论和概率疲劳累积损伤理论。基于概率疲劳累积损伤理论的方法称为疲劳可靠性方法,与确定性疲劳寿命预测方法相比,疲劳可靠性方法可以真实反映疲劳累积损伤的随机演化过程,但随机变量的统计概率模型和数字特征是一项十分困难的工作,目前实测数据较为匮乏。所以目前采用基于疲劳累积损伤理论的方法,对粘贴加固混凝土梁进行疲劳寿命预测,基本都是基于确定性 Miner 疲劳累积损伤理论。

1.2.4 粘贴加固混凝土梁冻融试验研究

北京建筑工程学院蔡光汀等研究了冻融对钢板与混凝土黏结压剪强度的影响,结果表明[54]:长时间的浸水或冻融条件下,结构胶与钢板界面的黏结力会继续衰减下去。

Houssam, Toutanji, Beiaguru 以及 Yong Deng 对冻融条件下 FRP 加固混凝土柱力学性能进行研究,研究得出结论:与无冻融的 FRP 加固混凝土柱相比,冻融条件下,FRP 加固混凝土柱的强度有显著降低,柱的延性明显降低[55]。

大连理工大学胡安妮[56]和郑州大学刘清霞[57]对冻融条件下纤维片材加固混凝土柱的基本性能进行了研究,结果表明:冻融循环对 CFRP

的力学性能影响不大，对 GFRP 力学性能有较大影响；冻融循环对 FRP 与混凝土黏结性能影响较大，这种黏结强度降低对加固柱的承载能力影响并不明显；无论采用 GFRP 还是 CFRP 加固的混凝土柱，即使在受到冻融循环的作用下，与未加固柱相比，其承载能力均有一定幅度的增强，延性均得到较大幅度的提高。

大连理工大学任慧韬[58-59]采用快速冻融试验方法研究冻融循环对玻璃纤维布材料的影响、冻融循环对 FRP 与混凝土黏结强度的影响，以及冻融循环对玻璃纤维布加固素混凝土梁的静力性能的影响，试验梁用素混凝土小梁，尺寸为 100 mm ×100 mm ×400 mm，在小梁的受拉区粘贴一层玻璃纤维布。研究结果表明：①玻璃纤维布在经过冻融循环后，抗拉强度下降，极限变形降低，但弹性模量没有发生明显变化。经过玻璃纤维加固后的混凝土梁完全破坏时，玻璃纤维布的变形在 2%左右，仍然比受到 100 次冻融循环后玻璃纤维布的变形 3.3%小很多。因此可以认为，直到经过加固的混凝土梁发生破坏时，冻融循环对玻璃纤维布材料性能的影响并不会降低玻璃纤维布加固混凝土梁的效果。②经过冻融循环作用后，GFRP 与混凝土的黏结强度会有所降低，玻璃纤维布与混凝土的剪切黏结强度在经过 25 次、50 次冻融循环后，分别下降了 19%和 26%。黏结强度降低的主要原因是混凝土受到冻害后，混凝土强度降低，混凝土的内部产生微裂纹等变化引起的。③冻融循环对玻璃纤维布加固混凝土梁的受力性能有不利影响，但在正常使用极限状态下，纤维布与混凝土梁黏结良好，不发生剥离破坏，混凝土梁承载能力有较大提高，说明在寒冷地区采用玻璃纤维布加固混凝土梁是一种有效的方法。但在某些混凝土结构发生较严重冻害的区域，如果无法保证 GFRP 与混凝土基层的可靠黏结，则应谨慎采用这种加固方法。

青岛理工大学陈建伟等[60]对玄武岩纤维加固素混凝土梁进行冻融试验，分析冻融循环对玄武岩纤维加固梁的静力性能影响，素混凝土小梁的尺寸为100 mm ×100 mm ×400 mm。研究结果表明：冻融对混凝土试件的受力性能有较大的不利影响；玄武岩纤维加固的混凝土试件的跨中位移，经过25次冻融循环后试件的变形仍满足规范的要求，说明玄武岩纤维的加固是有效的，玄武岩纤维基本能满足寒冷地区的加固要求；玄武岩纤维加固的混凝土试件经过50次冻融循环后，承载力降低程度较大，这是冻融循环对纤维和混凝土之间的黏结产生了不利影响。

1.3 小结

通过静载试验研究，粘贴钢板加固法和粘贴CFRP片材加固法的加固效果已被证实是有效的，已广泛应用于公路混凝土旧桥加固改造工程中。鉴于粘贴加固技术的应用时间不长，为明确其长期加固效果，近年来国内外学者对粘贴钢板加固混凝土梁和CFRP片材加固混凝土梁在疲劳荷载作用下的受力性能作了不少研究工作。针对冻融对FRP与混凝土的黏结性能的影响以及其对梁或柱静力性能影响方面也展开了冻融循环试验研究工作。混凝土结构构件的疲劳寿命预测研究也是目前工程界研究的热点问题之一，目前粘贴加固混凝土梁的疲劳寿命预测一般采用 S-N 曲线经验法和基于Miner线形疲劳累积损伤理论的方法。而根据试验结果[9-10]，疲劳损伤一般是以非线性形式累积的，同时，在考虑冻融环境下，即经受冻融循环作用的粘贴加固混凝土梁的疲劳寿命预测显然与常规环境条件下的疲劳寿命预测有所不同。

本书是作者近几年关于常规环境条件下和冻融环境条件下的粘贴加固混凝土梁疲劳性能的最新研究成果，也是对现有相关研究成果的汇总。

第 2 章　粘贴钢板加固混凝土梁的疲劳性能

本章通过疲劳试验介绍常规环境条件下的粘贴钢板加固混凝土梁的疲劳特性。

2.1　疲劳试验方案

1）试验梁

钢筋混凝土试验梁的横截面尺寸 $b \times h = 100\ \text{mm} \times 150\ \text{mm}$，梁长 $L = 900\ \text{mm}$。主筋采用 HRB335 级钢筋（2ϕ12），架立筋和箍筋采用 R235 级钢筋（ϕ6）。实测混凝土立方体抗压强度 f_{cu} 为 39.6 MPa，主筋的屈服强度为 359 MPa。梁的构造及配筋图见图 2.1。

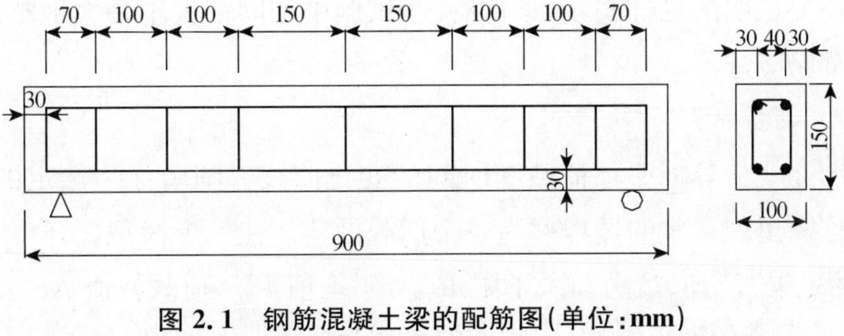

图 2.1　钢筋混凝土梁的配筋图（单位：mm）

粘贴钢板加固混凝土梁均用一层 700 mm×100 mm 的 Q235 钢板材料粘贴于梁底(图 2. 2a),加固钢板厚 3 mm,钢板的屈服强度为259 MPa。其中 1 根在加固钢板端部仅一侧用锚栓锚固(图 2. 2b),另 1 根在加固钢板两侧都用锚栓锚固(图 2. 2c)。粘贴钢板的胶粘材料采用配套双组分粘贴专用结构胶。粘贴钢板加固的设计和施工工艺按照规范要求[23-24][61-62]进行。

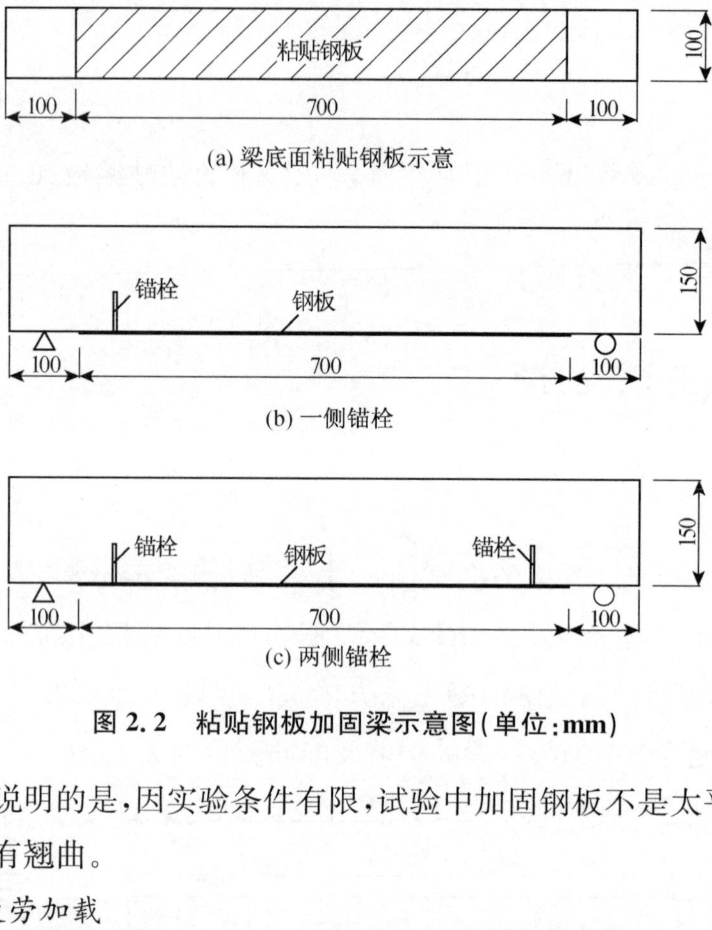

图 2. 2　粘贴钢板加固梁示意图(单位:mm)

需要说明的是,因实验条件有限,试验中加固钢板不是太平整,钢板两端部略有翘曲。

2） 疲劳加载

图 2. 3 为等幅循环荷载随时间的变化曲线。图中任一选定的荷载点每重复出现一次的过程称为一个荷载循环。在一个荷载循环中,有疲劳荷载上限 P_{max} 、疲劳荷载下限 P_{min} 、平均值 P_m 、荷载幅值 ΔP 和荷载比值 ρ(荷载的循环特性)。它们的关系为

$$\Delta P = P_{\max} - P_{\min} \tag{2.1}$$

$$P_m = \frac{P_{\max} + P_{\min}}{2} \tag{2.2}$$

$$P_{\max} = P_m + \frac{\Delta P}{2} \tag{2.3}$$

$$P_{\min} = P_m - \frac{\Delta P}{2} \tag{2.4}$$

$$\rho = \frac{P_{\min}}{P_{\max}} \tag{2.5}$$

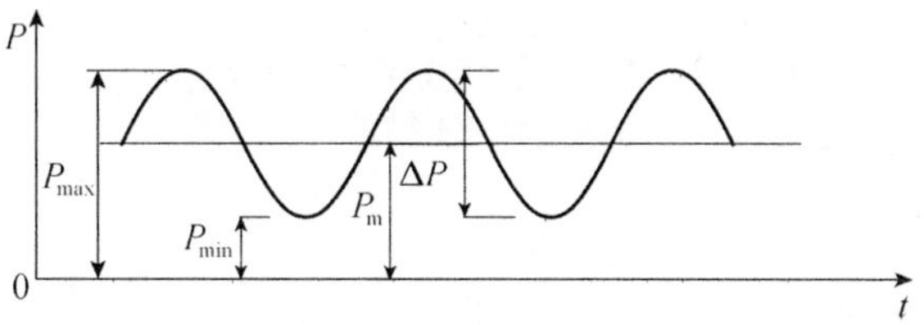

图 2.3　等幅循环荷载示意图

疲劳试验中，疲劳荷载下限($P_{\min}$)为 5 kN，疲劳荷载上限($P_{\max}$)取 25 kN，当等幅循环 200 万次后试验梁未破坏时，采用的加载方案是，疲劳下限荷载不变，增加疲劳上限荷载值至 40 kN，继续疲劳加载至试验梁破坏。试验梁的疲劳加载上限和下限见表 2.1。

表 2.1　试验梁疲劳荷载

试验梁编号	$P_{\min}$ (kN)	$P_{\max}$(kN)			备注
		$P_{\max1}$	$P_{\max2}$	$P_{\max3}$	
B1	5	25	40	—	对照梁、未加固
BS1	5	25	40	—	一侧锚栓锚固
BS2	5	25	40	—	两侧锚栓锚固

疲劳试验通过分配梁实现二点对称加载(图 2.4)。

试验中测量内容有：荷载大小、挠度、混凝土表面应变、钢筋应变、钢板应变、裂缝开展和宽度等。测点布置如图 2.4 所示。

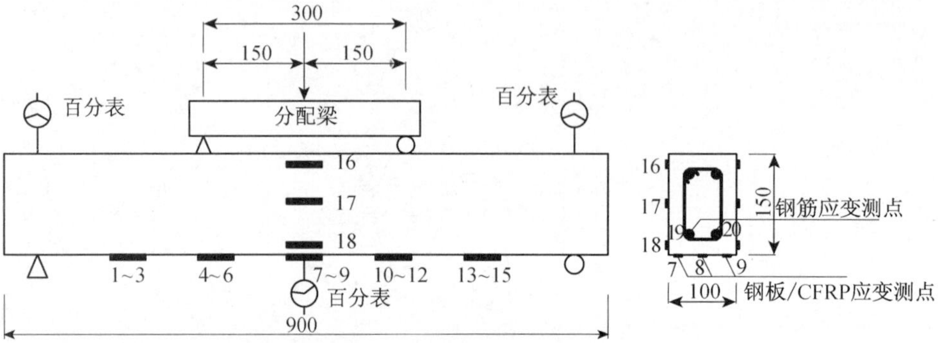

图 2.4　试验梁加载示意和测点布置

2.2　疲劳破坏

粘贴钢板加固梁 BS1 疲劳加载 200.2 万次后，未用锚栓锚固一侧钢板与梁底混凝土部分剥离，并产生沿梁主筋方向的纵向裂缝，而且一开裂裂缝宽度就很大。213.5 万次时，与最大宽度斜裂缝相交处受力主筋相继断裂(图 2.5)。

(a) 剥离

(b) 破坏后

图 2.5　粘贴钢板加固梁 BS1 疲劳破坏

粘贴钢板加固梁 BS2 在疲劳加载至 200 万次，未见裂缝出现。200 万次后，增加高负荷为 40 kN 时，支座附近出现 2 条斜裂缝。200.5 万次后，一侧靠近支座附近的钢板与梁底混凝土发生部分黏结失效，并出现沿主筋方向的纵向裂缝(图 2.6a)。250.1 万次时，与最大宽度斜裂缝相交处的主筋相继断裂。图 2.6b 为主筋断裂后照片。

(a) 钢板部分黏结失效

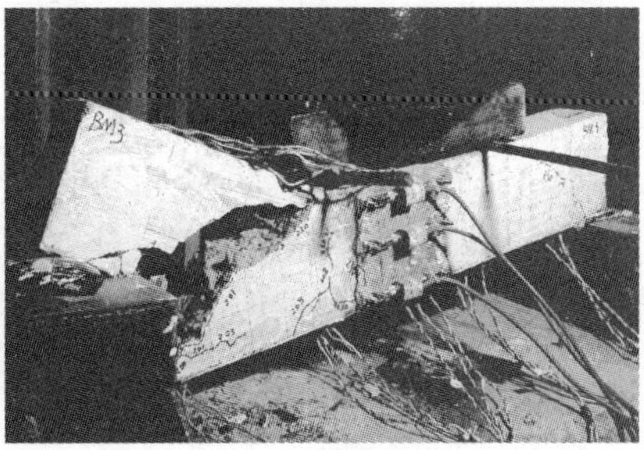

(b) 破坏后

图 2.6　粘贴钢板加固梁 BS2 疲劳破坏

从梁的疲劳试验过程来看，当试验梁主筋疲劳断裂时，未加固梁疲劳循环次数为 294.9 万次，粘贴钢板加固梁 BS1 和 BS2 的疲劳循环次数分别为 213.5 万次和 250.1 万次，即在相同疲劳荷载作用下，粘贴钢板加固梁在主筋疲劳断裂时的疲劳循环次数反而比未加固梁的疲劳循环次数降了 12%～25%，这是因为疲劳循环过程中钢板与梁体混凝土部分剥离或黏结失效使加固梁产生应力重分布，使得加固梁斜裂缝迅速发展。

疲劳试验中，粘贴钢板加固混凝土梁在疲劳荷载作用下加固钢板端部都发生了黏结失效，对于钢板端部应力，文献[63]根据弹性理论和加固梁各部分材料变形协调条件，通过复杂的解析推导得出：

(1) 在钢板端部的一个区段内，黏结剪应力急剧增加，并在钢板端部附近到达极限值(图 2.7)；

(2) 在钢板端部的一个区段内，黏结正应力保持为拉应力(称为剥离应力)，并在钢板端部急剧增加至极限值(图 2.8)；

(3) 极限剪应力 τ_{max} 和极限正应力 σ_{max}，随着结构胶的弹性模量和剪切模量的降低而减小，随着胶层的厚度增加而减小，随着钢板的长度增加而减小，随着钢板厚度的降低而减小，随着梁截面抗弯刚度的增加而减小。

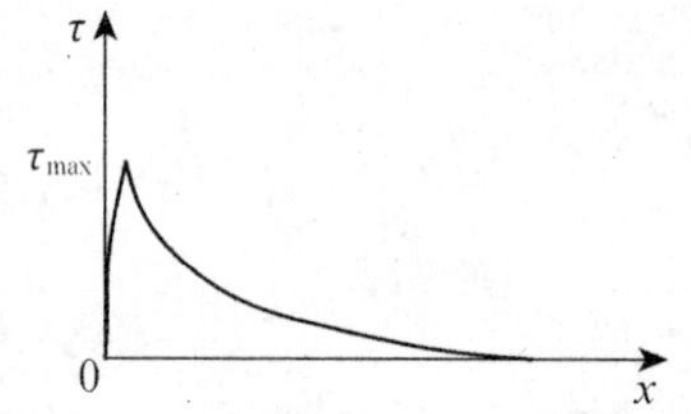

图 2.7　加固钢板端剪应力曲线

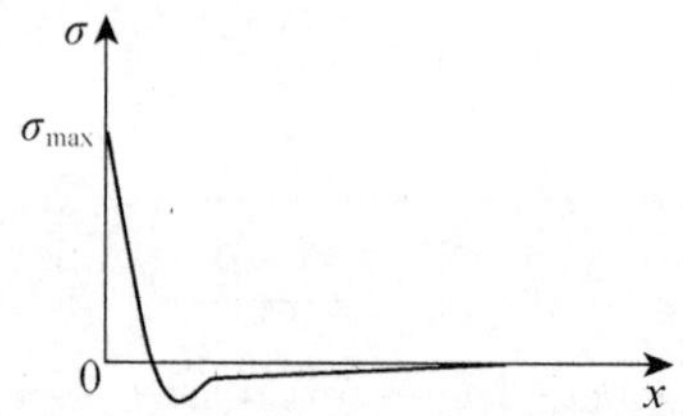

图 2.8　加固钢板端正应力曲线

许多静力性能研究已证实，正是因为加固钢板的端部在黏结剪应力和剥离拉应力共同作用下存在的应力集中，容易引起钢板端部的黏结失效，造成加固失效。在疲劳荷载作用下，已有的研究表明[63]，黏结强度随着疲劳循环次数的增加发生黏结退化，而且荷载水平越高，黏结退化越显著。文献[20]在对粘贴钢板加固梁的疲劳试验研究中也发现，在低荷载水平下疲劳循环 400 万次梁未发生疲劳破坏，而在高荷载水平下疲劳循环 8.3 万次或 10.3 万次就发生钢板端部剥离破坏。

在本章粘贴钢板加固混凝土梁疲劳试验中，当增加疲劳上限荷载后，随着疲劳循环次数的增加，加固钢板端部都发生了黏结失效，这是因为：一方面在加固钢板的端部存在应力集中现象；另一方面增大疲劳荷载上限也即增大了荷载水平，使得钢板与混凝土的黏结强度黏结退化越显著。

在切向剪应力和径向剥离正应力共同作用下，当主拉应力超过混凝土抗拉强度时，在结构胶与构件界面处的混凝土上产生斜裂缝，或向钢筋与混凝土结合的这一薄弱层发展，很快形成沿纵筋方向的水平裂缝。混凝土开裂后，与裂缝相交的主筋应力将发生突变，并随着疲劳循环次数增加，裂缝宽度也增大，主筋的应力也增大，最终与主要斜裂缝相交的主筋应力幅达到疲劳应力幅而发生疲劳破坏。

由于锚栓锚固可以部分抵抗钢板与梁底之间的滑移，钢板的脱落也受到螺栓的销拴作用，提高了加固梁的整体工作性能。所以加固钢板两端锚栓锚固的粘贴钢板加固混凝土梁 BS2 的主筋的疲劳断裂发生，晚于一侧锚栓锚固的粘贴钢板加固混凝土梁 BS1。

2.3　裂缝分布

图 2.9、图 2.10 和图 2.11 分别为试验梁 B1、BS1 和 BS2 的裂缝分布图，图中标注数字为疲劳加载循环次数。

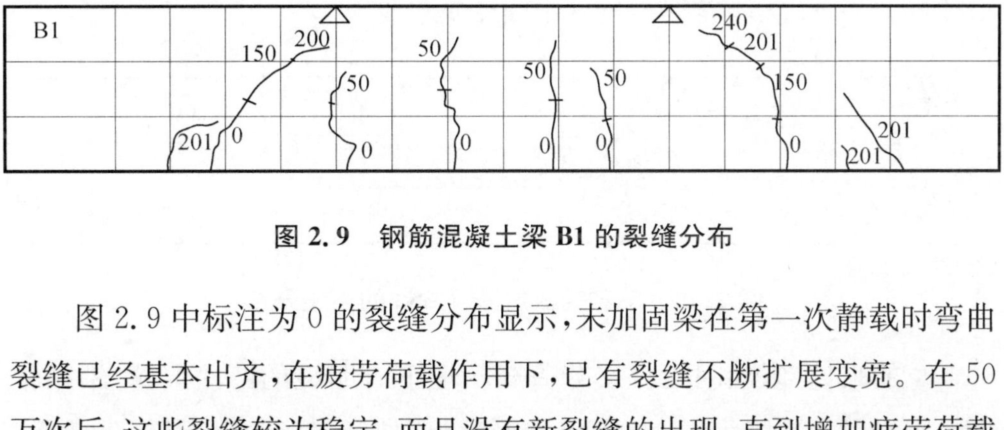

图 2.9　钢筋混凝土梁 B1 的裂缝分布

图 2.9 中标注为 0 的裂缝分布显示，未加固梁在第一次静载时弯曲裂缝已经基本出齐，在疲劳荷载作用下，已有裂缝不断扩展变宽。在 50 万次后，这些裂缝较为稳定，而且没有新裂缝的出现，直到增加疲劳荷载上限时又有新的斜裂缝产生。图 2.9 裂缝分布同典型适筋梁裂缝分布，裂缝分布表现为斜裂缝和明显的弯曲裂缝。

粘贴钢板加固梁 BS1 的裂缝分布图 2.10 显示，在疲劳加载初期出现少量斜裂缝，当疲劳加载 200 万次增加疲劳上限荷载后，继续疲劳加载 1 万次后，钢板与梁底混凝土部分剥离，在紧靠剥离区的梁体混凝土出现约沿纵筋位置的纵向裂缝，在此纵向裂缝附近观测到少量较细小的弯曲裂缝，梁体斜裂缝宽度迅速发展。

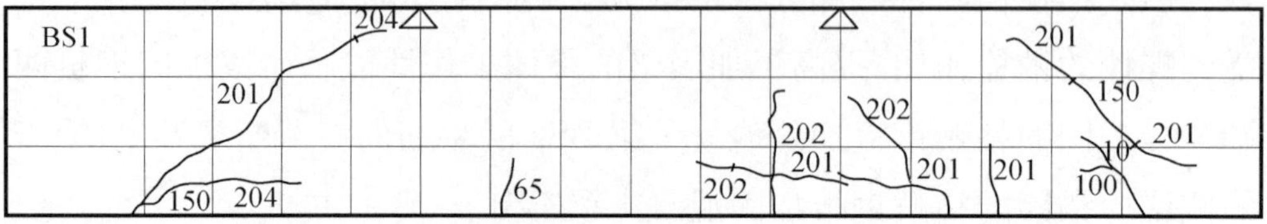

图 2.10　粘贴钢板加固梁 BS1 的裂缝分布

粘贴钢板加固梁 BS2 的裂缝分布图 2.11 显示，在疲劳加载 200 万次内梁未出现裂缝。当疲劳加载 200 万次增加疲劳上限荷载后，梁出现少量斜裂缝，随着疲劳循环次数增加，斜裂缝不断扩展变宽。结合图 2.6a 比较分析发现，当钢板与梁底混凝土部分黏结失效后，梁体混凝土出现约沿纵筋位置的纵向裂缝，此后在纵向裂缝附近观测到少量较细小的弯曲裂缝，梁体斜裂缝宽度不断变宽延伸。

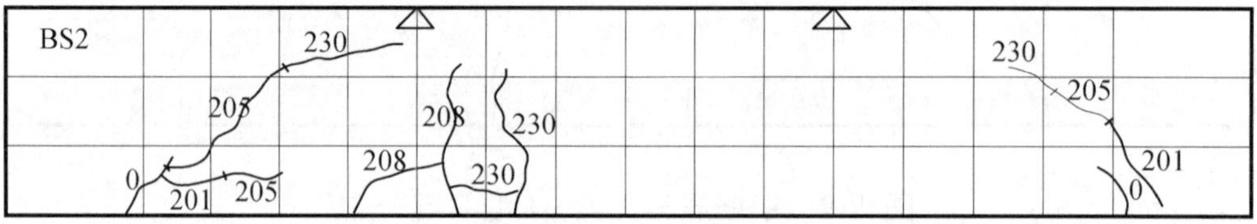

图 2.11　粘贴钢板加固梁 BS2 的裂缝分布

总的来说，未加固梁在疲劳荷载作用下有明显的弯曲裂缝，粘贴钢板加固梁以斜裂缝为主，在疲劳循环后期钢板部分剥离或黏结失效后，出现少量细小的弯曲裂缝，说明粘贴钢板加固可以明显改善梁的刚度，尤其是在粘贴钢板加固梁的加固钢板与梁体混凝土黏结完好的情况下。

在相同疲劳荷载作用下，未加固梁裂缝分布表现为明显的弯曲裂缝，疲劳破坏发生在最大宽度的弯曲裂缝处主筋疲劳断裂，粘贴钢板加固梁的裂缝主要表现为斜裂缝，且都是位于最大宽度斜裂缝相交处的主筋相继断裂，文献[5]的粘贴钢板加固梁的疲劳试验结果也表明，钢筋混凝土原梁在疲劳荷载作用下，其疲劳破坏发生在纯弯段，而经粘贴钢板加固后，多发生在梁端附近的弯剪作用区，破坏面约呈 45°方向。

2.4　挠度分析

图 2.12 和图 2.13 分别是试验梁在一定疲劳循环次数下的荷载与挠度曲线图，图中曲线共同的特征是：在前几周循环时，曲线变化较显著，残余挠度的发展较快，随着荷载重复次数的增加，残余挠度增加放缓，进入了损伤的稳定发展阶段，当疲劳循环 200 万次后提高疲劳荷载上限值，残余挠度发展较快，在试验梁临近破坏时，残余挠度的积累速度又有所增大。

图 2.14 为 150 万次后试验梁挠度与荷载曲线，在 25 kN 荷载作用下，钢筋混凝土梁 B1 的挠度为 1.53 mm，粘贴钢板加固梁 BS1 和 BS2 挠度分别为 0.92 mm 和 0.63 mm，即经过 150 万次疲劳荷载后，与未加固梁相比，粘贴钢板加固使得梁的挠度减少了 39.8%～58.8%。加固梁的荷载—挠度曲线的斜率大于未加固梁，这说明粘贴钢板能够显著提高梁的抗弯刚度，从而增强了抗变形能力。

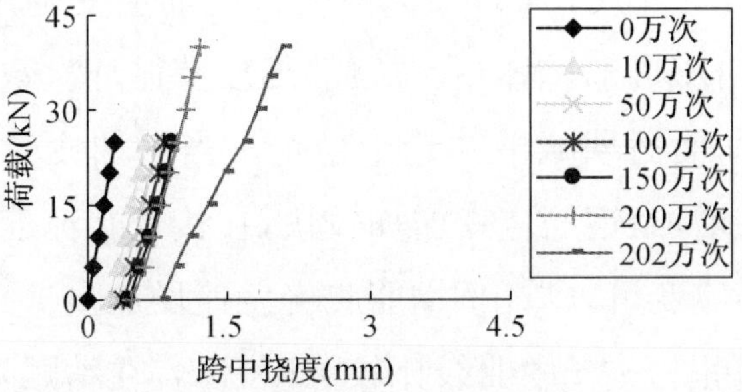

图 2.12　粘贴钢板加固梁 BS1 荷载—挠度曲线

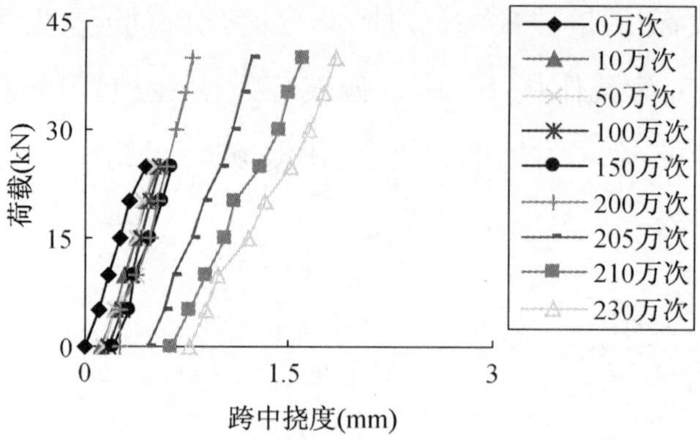

图 2.13　粘贴钢板加固梁 BS2 荷载—挠度曲线

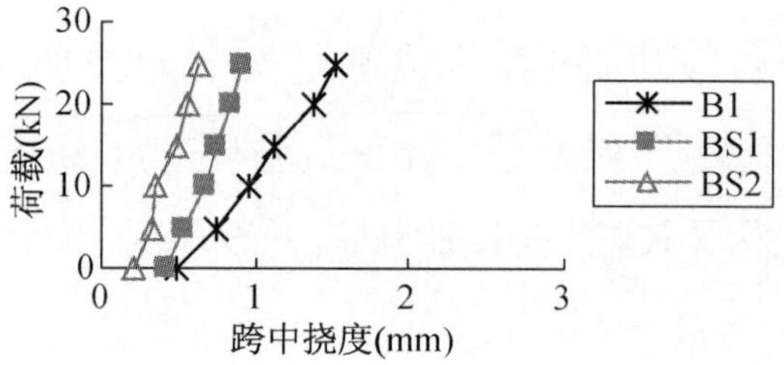

图 2.14　试验梁荷载—挠度曲线(150 万次循环后)

2.5　钢筋应变分析

图 2.15 和图 2.16 分别为梁纵向受拉钢筋应变随疲劳循环次数的发展变化曲线，由图可知，纵向受拉钢筋随疲劳循环次数的增加，呈现出了初期增长较快，而后期减慢并趋于稳定。当增加疲劳荷载上限后，随着疲劳循环次数增加，钢筋应变增加较快，在接近破坏前，从能测到的部分试验梁的钢筋应变可以看出，钢筋应变急速增加。

从图 2.15 和图 2.16 中曲线比较可以看出，在粘贴钢板加固后梁的钢筋应变明显降低，应变降低了 60%～80%，这是粘贴钢板加固最显著的效果，然而图中曲线在 200 万次后出现了突变，这是因为 200 万次后增加疲劳荷载上限值，随着疲劳循环次数增加钢板与梁底混凝土发生部分剥离导致钢筋应变迅速增加。

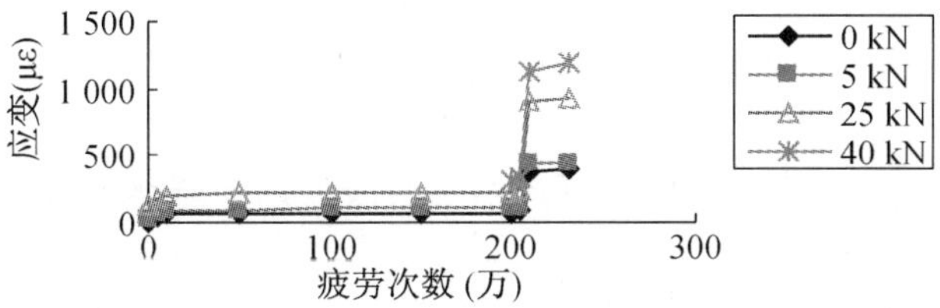

图 2.15　粘贴钢板加固梁 BS1 的钢筋应变随疲劳循环次数分布

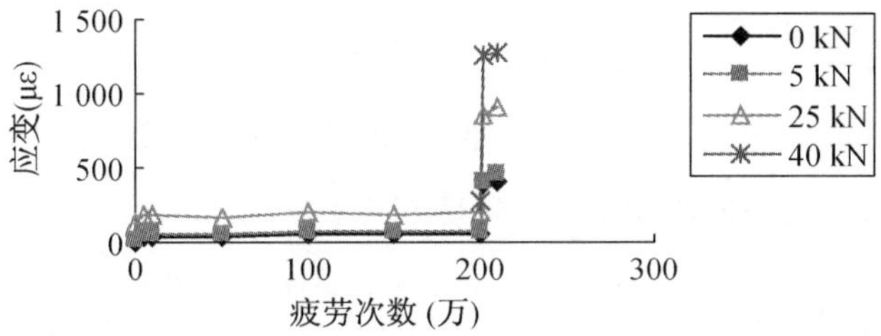

图 2.16　粘贴钢板加固梁 BS2 的钢筋应变随疲劳循环次数分布

2.6　粘贴钢板的应变分析

图 2.17 为粘贴钢板加固梁梁底的跨中钢板应变随疲劳荷载循环次数增加的发展变化曲线。图中曲线显示，钢板应变随疲劳荷载循环次数的增加，出现了初期较快增长，而后增长减慢并趋于稳定，当增加疲劳荷载上限值循环一定次数后，钢板应变出现突然降低，并在试验梁临近破坏时钢板应变仍较低，说明疲劳加载一定次数后加固钢板没有能很好发挥作用。

文献[20]在高荷载水平下的粘贴钢板加固混凝土梁的疲劳试验也

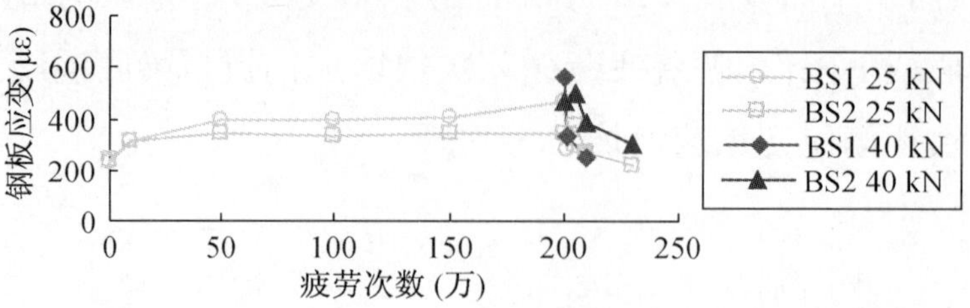

图 2.17　粘贴钢板加固梁跨中钢板应变随疲劳循环次数分布

观测到，当加固钢板端部剥离后，钢板的应变呈下降的趋势。

图 2.18 和图 2.19 为粘贴钢板加固梁加固钢板应变沿梁底纵向分布图，结合加固梁的裂缝分布图（图 2.10 和 2.11）可以发现，疲劳加载一定次数后，加固梁的钢板与梁底混凝土剥离（BS1）或黏结失效（BS2），梁中沿受拉主筋位置处的纵向开裂范围内的钢板应变降低非常显著，基本在零应变左右，即此范围钢板基本不发挥作用。

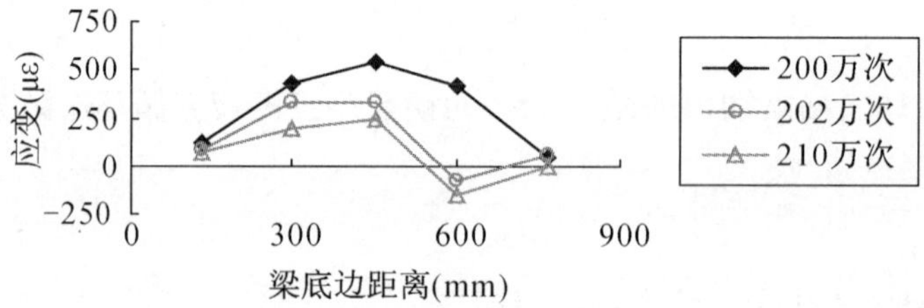

图 2.18　粘贴钢板加固梁 BS1 梁底加固钢板应变沿梁底分布

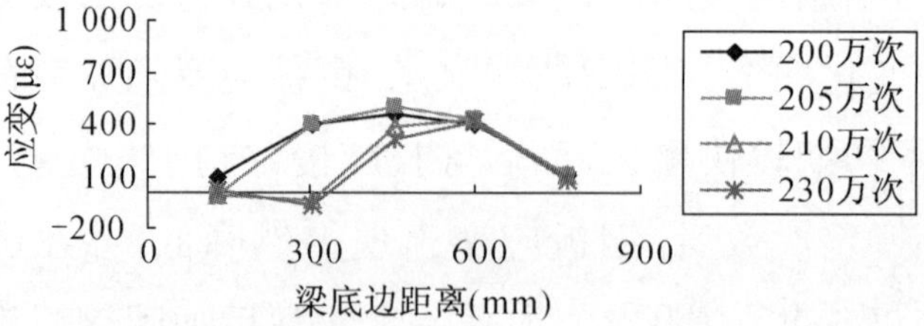

图 2.19　粘贴钢板加固梁 BS2 梁底加固钢板应变沿梁底分布

第 3 章　粘贴 CFRP 片材加固混凝土梁的疲劳性能

本章通过疲劳试验介绍常规环境条件下的粘贴 CFRP 片材加固混凝土梁的疲劳性能，并与粘贴钢板加固混凝土梁的疲劳性能进行对比分析。

试验梁的构造及配筋图见第 2 章图 2.1。试验梁在粘贴 CFRP 片材加固后进行疲劳试验。粘贴 CFRP 片材加固的梁均用一层 700 mm×100 mm 的 HT300 型 CFRP 片材粘贴于梁底(图 3.1 a)，CFRP 片材厚度为 0.167 mm，屈服强度为 2 874 MPa。加固梁在加固 CFRP 片材两端均粘贴宽度为 100 mm 的 CFRP 片材作为 U 形箍锚固(图 3.1b)。粘贴 CFRP 的胶粘材料采用双组分粘贴专用配套胶。粘贴 CFRP 片材加固施工工艺按照规范[22][24]要求进行。

(a) 梁底面粘贴CFRP布示意

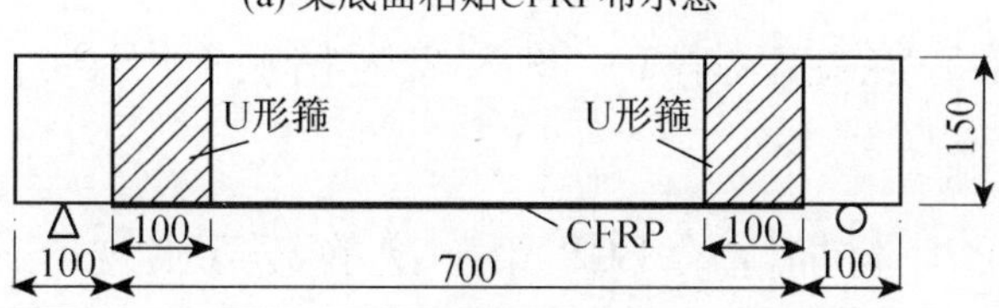

(b) 侧面

图 3.1　粘贴 CFRP 片材加固梁示意图(单位:mm)

疲劳试验测试内容与第 2 章相同，粘贴 CFRP 片材加固试验梁的疲劳加载上限和下限见表 3.1。表 3.1 中试验梁 BC1 疲劳加载 200 万次(疲劳上限为 25 kN)后未破坏，增加疲劳上限为 40 kN 继续疲劳加载 200 万次后仍未破坏，再次增加疲劳上限为 60 kN 继续疲劳循环至破坏。试验梁 BC2 的疲劳加载下限(P_{min})为 5 kN，疲劳荷载上限(P_{max})取 40 kN，在疲劳加载 200 万次后未破坏，增加疲劳上限为 60 kN 继续疲劳循环至破坏。

表 3.1　　试验梁疲劳荷载

试验梁编号	P_{min} (kN)	P_{max}(kN)		
		P_{max1}	P_{max2}	P_{max3}
BC1	5	25	40	60
BC2	5	40	60	—

3.1　疲劳破坏

粘贴 CFRP 片材加固梁 BC1 第一次静载后梁出现 5 条裂缝，裂缝最大宽度为 0.02 mm。455.3 万次时，靠近加载点附近的弯曲裂缝突然迅速变宽，观察到 CFRP 片材 U 形箍与混凝土有剥离现象。456.6 万次时，与此裂缝相交处的一主筋断裂，受压区混凝土被压碎，梁底端部 CFRP 片材与梁底混凝土剥离。图 3.2 为粘贴 CFRP 片材加固梁 BC1 破坏后照片。

粘贴 CFRP 片材加固梁 BC2 第一次静载后出现 6 条裂缝，最大宽度为 0.05 mm。244.2 万次时观察到靠近加载位置处一弯曲裂缝宽度突然变为 0.5 mm，卸载时残余裂缝最大宽度为 0.15 mm。253.7 万次时与此宽度最大弯曲裂缝相交处主筋相继断裂，CFRP 片材与梁底混凝土剥离，一侧 CFRP 片材 U 形箍被撕裂。图 3.3 为试验梁 BC2 破坏后照片。

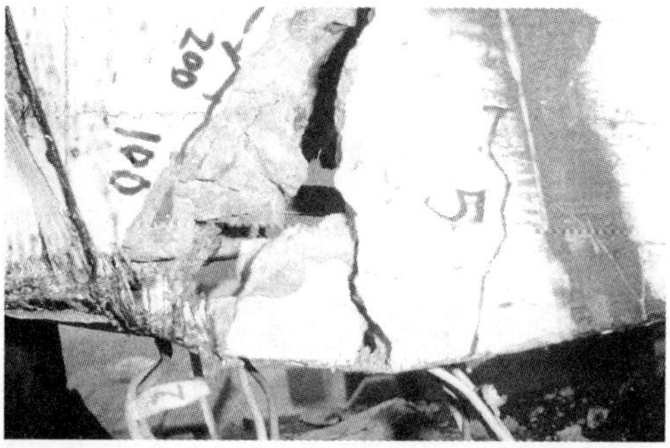

图 3.2　粘贴 CFRP 片材加固梁 BC1 疲劳破坏

图 3.3　粘贴 CFRP 片材加固梁 BC2 疲劳破坏

从粘贴 CFRP 片材加固梁的疲劳试验过程来看，粘贴 CFRP 片材加固梁的疲劳破坏都是开始于主筋疲劳断裂，主筋疲劳断裂时疲劳循环次数即为梁的疲劳寿命。由第 2 章疲劳试验结果得到，未加固梁 B1 疲劳寿命为 294.9 万次，由本节疲劳试验结果得到，粘贴 CFRP 片材加固梁 BC1 和 BC2 疲劳寿命分别为 456.6 万次和 253.7 万次。粘贴 CFRP 片材加固梁 BC1 前 400 万次疲劳荷载和未加固梁 B1 的疲劳荷载是一样的，即在相同疲劳荷载作用下，CFRP 片材加固梁疲劳寿命比未加固梁的疲劳寿命增加了约 55%。

比较粘贴 CFRP 片材加固梁 BC1 和 BC2 的破坏过程，荷载水平大使得梁疲劳寿命降低，加固梁 BC1 在 200 万次以后的荷载水平与梁 BC2 是一样的，如果忽略加固梁 BC1 前 200 万次低荷载水平的疲劳作用，其疲劳寿命与梁 BC2 非常接近，也就是说前 200 万次的低荷载水平的疲劳加载产生的疲劳损伤很小。

已有的 CFRP 加固混凝土梁的疲劳试验研究中，主要发生的钢筋的疲劳断裂破坏，例如文献[26]、[27]、[29]、[30]中 CFRP 加固梁以及文献[50]中部分 CFRP 加固梁都发生的此类破坏。

3.2 裂缝分布

图 3.4 和图 3.5 分别为粘贴 CFRP 片材加固梁 BC1 和 BC2 在疲劳加载过程中的裂缝分布情况，图中数字表示疲劳循环次数。

图 3.4 中标注为 0 的裂缝分布显示，CFRP 片材加固梁在第一次静载时弯曲裂缝已经基本出齐，在疲劳荷载作用下，已有裂缝不断扩展。在 50 万次后，这些裂缝较为稳定，100 万次后出现一条新的斜裂缝，直到 200 万次这些已有裂缝都很细小。当增加疲劳荷载上限为 40 kN 时，有一条新的斜裂缝产生。当循环 400 万次后增加疲劳荷载上限为60 kN 时，又有少量新的斜裂缝和弯曲裂缝出现。

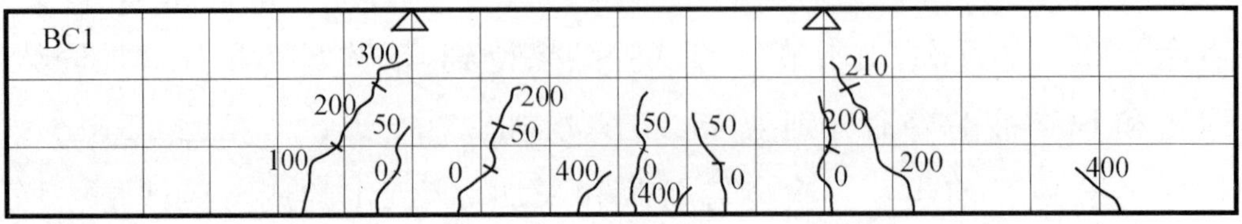

图 3.4 粘贴 CFRP 片材加固梁 BC1 的裂缝分布

图 3.5 中标注为 0 的裂缝分布显示，CFRP 片材加固梁在第一次静载时弯曲裂缝已经基本出齐，在疲劳荷载作用下，已有裂缝不断扩展，约 1 万次后出现一条斜裂缝。在 50 万次后，这些裂缝较为稳定，直到 200 万次后增加疲劳荷载上限时又有一条新的斜裂缝产生。

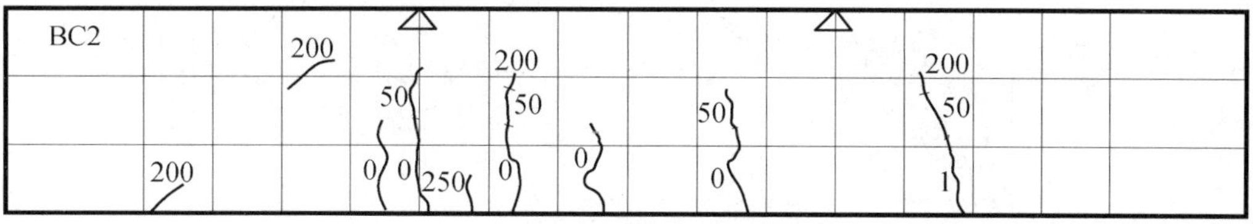

图 3.5　粘贴 CFRP 片材加固梁 BC2 的裂缝分布

3.3　挠度

图 3.6 和图 3.7 图分别是粘贴 CFRP 片材加固梁在各疲劳循环次数下的荷载与挠度曲线图，图中曲线分布显示，在疲劳加载初期，曲线变化较显著，残余挠度的发展较快，随着荷载重复次数的增加，残余挠度增

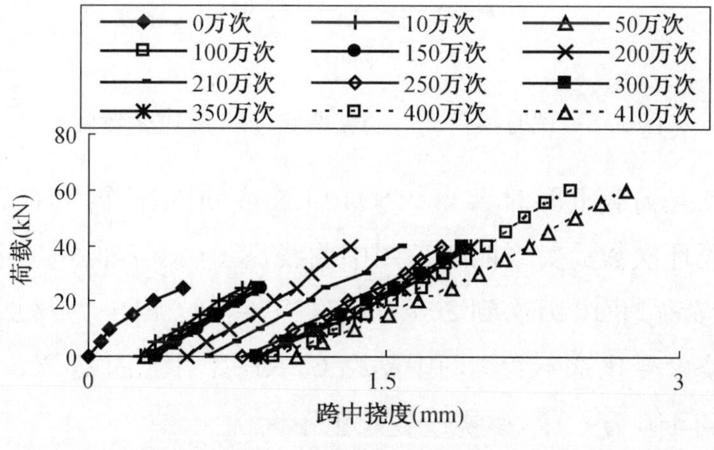

图 3.6　粘贴 CFRP 片材加固梁 BC1 的荷载—挠度曲线

加放缓，梁刚度衰减稳定，进入了损伤的稳定发展阶段，当增加疲劳荷载上限值，残余挠度发展较快，加固梁刚度衰减较明显。

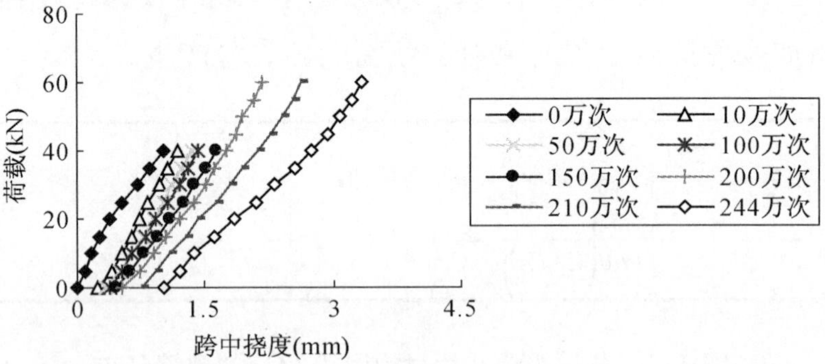

图 3.7　粘贴 CFRP 片材加固梁 BC2 的荷载—挠度曲线

图 3.8 为疲劳加载 150 万次后试验梁挠度与荷载曲线，图中加固梁的荷载-挠度曲线的斜率大于未加固板，这说明粘贴 CFRP 能够提高钢筋混凝土梁的抗弯刚度，从而增强了抗变形能力。

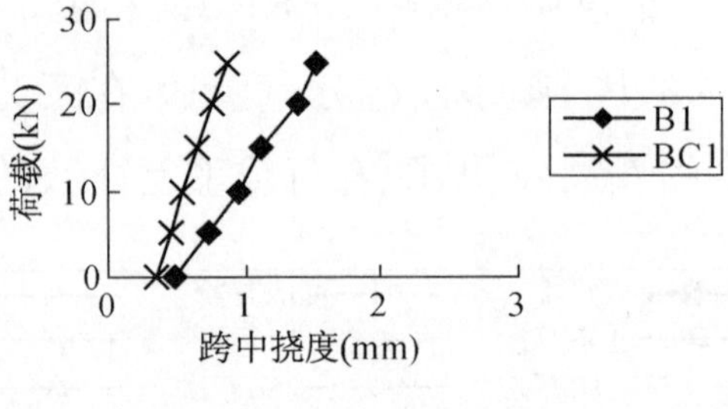

图 3.8　试验梁荷载—挠度曲线(150 万次循环后)

图 3.9 是荷载上限时为 25 kN、40 kN 或 60 kN 作用时试验梁的挠度与疲劳循环次数的关系曲线。图中曲线显示，疲劳加载初期挠度增加显著，在疲劳循环 10 万次到 200 万次过程，粘贴 CFRP 片材加固梁和未加固梁的挠度变化都不大。图中粘贴 CFRP 片材加固梁 BC1 在疲劳循环 210 万到 400 万次中，梁挠度变化也不大。

当增加疲劳上限荷载后，挠度值产生突变。由粘贴 CFRP 片材加固梁 BC2 的曲线图显示，接近破坏前加固梁的挠度迅速增加。

比较图 3.9 中未加固梁 B1 和粘贴 CFRP 片材加固梁 BC1 的挠度曲线可以得出，在相同的疲劳加载及相同循环次数情况下，粘贴 CFRP 片材加固梁的挠度小于未加固梁的挠度。

比较图 3.9 中粘贴 CFRP 片材加固梁 BC1 和 BC2 的挠度随疲劳循环次数的曲线可以得出，在不同荷载水平，相同的循环次数下，加固梁 BC2 的挠度比加固梁 BC1 挠度大，因为加固梁 BC2 的荷载水平比加固梁 BC1 的大。

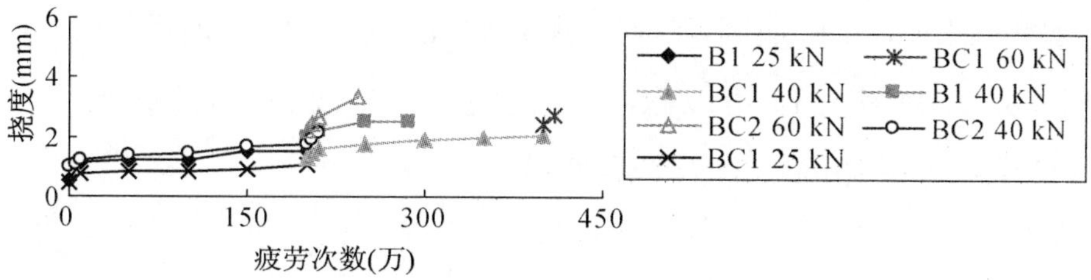

图 3.9　试验梁挠度与循环次数曲线(25 kN 或 40 kN)

3.4　钢筋应变

图 3.10 和图 3.11 为粘贴 CFRP 片材加固梁的纵向受拉钢筋应变随疲劳循环次数的发展变化曲线。与未加固梁的疲劳试验结果比较分

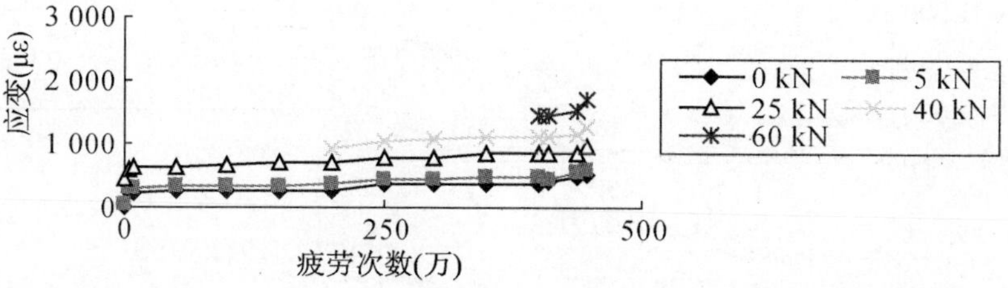

图 3.10　粘贴 CFRP 片材加固梁 BC1 的钢筋应变随疲劳循环次数分布

析得到，在粘贴 CFRP 片材加固后梁的钢筋的应变明显降低，应变降低了 20%～30%，钢筋应力的降低使构件寿命得到了非常显著的延长。

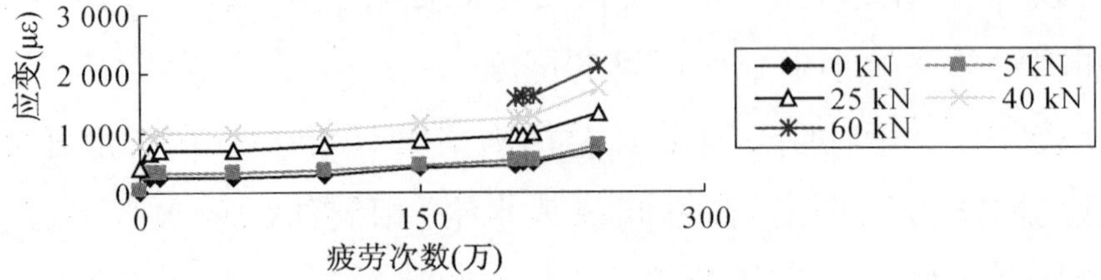

图 3.11　粘贴 CFRP 片材加固梁 BC2 的钢筋应变随疲劳循环次数分布

粘贴 CFRP 片材加固梁 BC2 疲劳加载荷载水平比加固梁 BC1 大，比较图 3.10 和图 3.11 可以看出，相同疲劳循环次数后，荷载水平越大，粘贴 CFRP 片材加固梁的钢筋应变越大。

3.5　CFRP 片材应变

图 3.12 和图 3.13 为粘贴 CFRP 片材加固梁梁底的跨中 CFRP 片材应变(图 2.4 中的测点 8)随疲劳荷载循环次数增加的发展变化曲线。由图可知：CFRP 片材应变随疲劳荷载循环次数的增加，出现了初期较快增长，而后增长减慢并趋于稳定，当增加疲劳荷载上限值后，CFRP 片材应变增加较快，接近破坏时，CFRP 片材应变急速增加，说明在整个疲

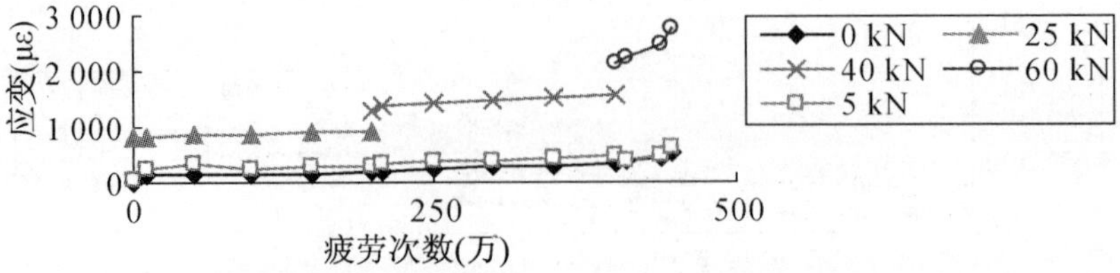

图 3.12　加固梁 BC1 跨中 CFRP 片材应变随疲劳循环次数分布

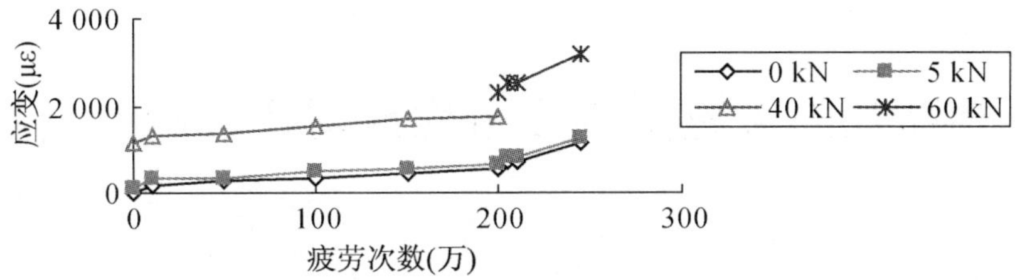

图3.13　加固梁BC2跨中CFRP片材应变随疲劳循环次数分布

劳循环过程中,CFRP片材一直都能很好地发挥作用。

图3.14和图3.15为加固梁的CFRP片材应变沿梁底纵向分布图,图中数据曲线显示,随着疲劳循环次数增加,梁底受弯区CFRP片材应变增大,接近破坏时靠近梁最宽裂缝处的CFRP片材应变急速增加,也因此在接近疲劳破坏时,图中曲线分布呈明显不对称。

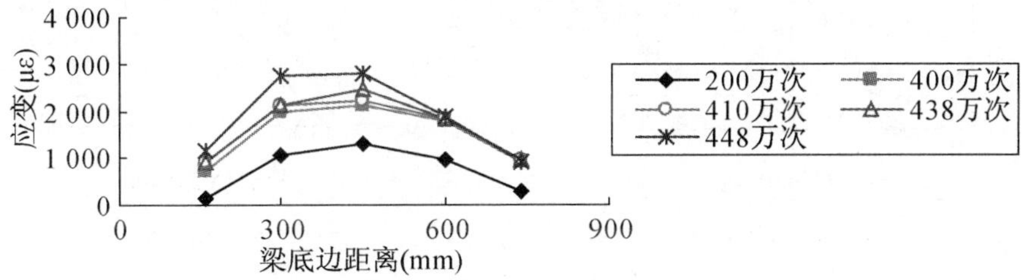

图3.14　加固梁BC1梁底CFRP片材应变沿梁底分布

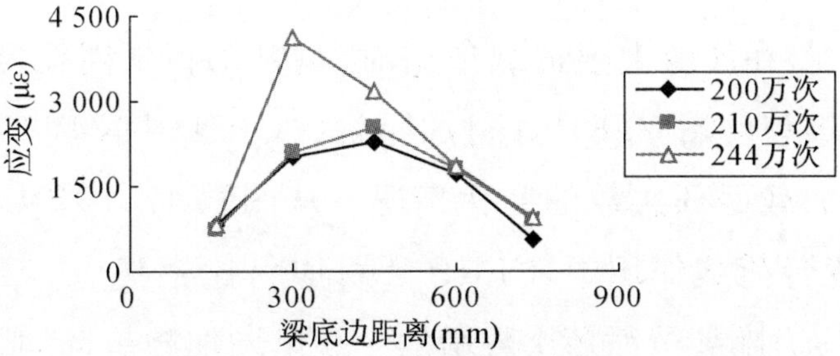

图3.15　加固梁BC2梁底CFRP片材应变沿梁底分布

3.6 粘贴加固混凝土梁疲劳性能对比分析

1）加固梁的刚度

图 3.16 为粘贴钢板加固试验梁和 CFRP 片材加固试验梁在 100 万和 200 万疲劳加载次数后的荷载—挠度曲线。由图3.16中曲线斜率可以看出，粘贴钢板和 CFRP 都增加混凝土梁的刚度，但粘贴钢板使梁的刚度增加更明显。

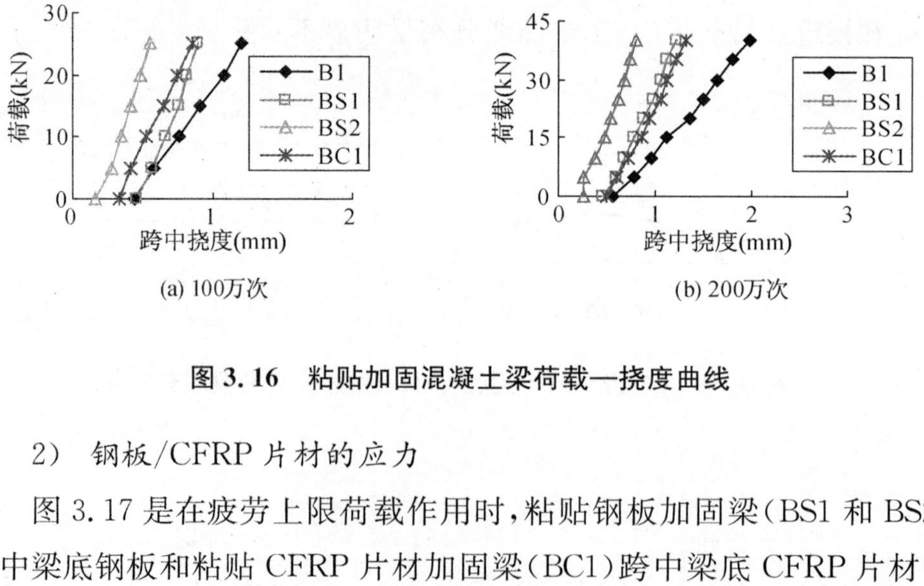

图 3.16　粘贴加固混凝土梁荷载—挠度曲线

2）钢板/CFRP 片材的应力

图 3.17 是在疲劳上限荷载作用时，粘贴钢板加固梁（BS1 和 BS2）跨中梁底钢板和粘贴 CFRP 片材加固梁（BC1）跨中梁底 CFRP 片材的应力随疲劳加载循环次数的变化情况。从图 3.17 中应力分布可以看出，在相同疲劳荷载作用下，CFRP 片材应力比钢板应力大得多，而且 CFRP 片材应力随疲劳循环次数增加一直呈增加趋势，说明本次试验中 CFRP 片材加固效果比钢板加固效果好得多。

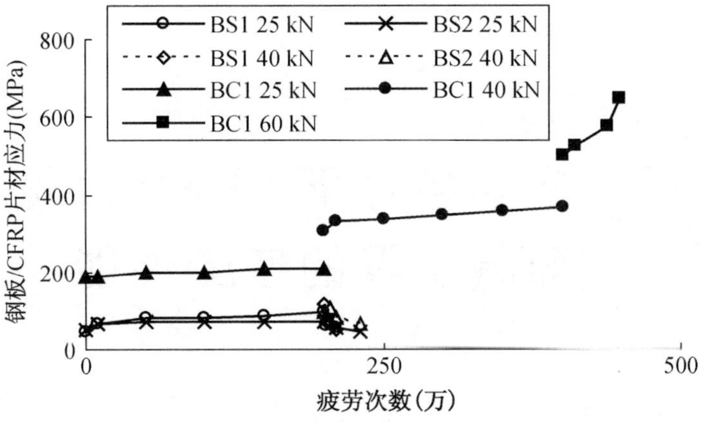

图 3.17　粘贴加固混凝土梁跨中梁底钢板/CFRP 片材应力比较

3）疲劳破坏

对于加固钢板采用锚栓锚固，没有设置 U 形箍（图 2.2）的粘贴钢板加固试验梁，因钢板端部应力集中严重，其疲劳破坏开始于加固钢板端部黏结失效，然后与钢板端部的主要斜裂缝相交的主筋相继发生疲劳断裂。

由于 CFRP 片材加固混凝土梁在 CFRP 片材两端设置 U 形箍（图 3.1）且粘贴效果好，U 形箍对 CFRP 的剥离有显著的抑制作用，也增强了梁的抗剪承载力，所以 CFRP 片材加固混凝土梁疲劳破坏开始于受拉主筋的疲劳断裂，然后 CFRP 片材剥离。

第 4 章　冻融条件下 CFRP 片材加固混凝土梁的疲劳性能

实际桥梁加固工程中，可能采用 CFRP 片材加固已受到冻害影响的混凝土桥梁结构以及 CFRP 片材加固后仍可能受到冻害影响，因此，本章通过对比分析常规环境条件下（以下称一般条件下）和经受冻融循环作用的 CFRP 片材加固混凝土梁的疲劳试验结果，介绍冻融循环作用对粘贴 CFRP 片材加固混凝土梁的疲劳特性的影响。

试验梁的制作与加载方案与第 3 章的 BC2 试验梁相同。需要说明的是，在粘贴 CFRP 片材加固已经受冻融循环作用的钢筋混凝土梁时，打磨掉梁体表层因冻融作用而剥落的混凝土约 10 mm，且直接用底胶找平。

4.1　冻融试验

冻融试验有慢冻法和快冻法。慢冻法的试件均应标准养护 28 d，并规定在达到龄期前 4 d 将冻融试件放入 20℃左右的水中浸泡，对比试件仍在标准养护室养护。慢冻法一个循环的时间为 8 h，冻、融各半。冻融过程中根据不同抗冻标号进行数次抗压强度和失重率检测。普通混凝土以抗压强度损失率不超过 25%或失重率不超过 5%时的冻融循环次数划分混凝土抗冻标号。由于慢冻法存在试验周期长、工作量大、试验误差大等缺点，目前国内各行业规范正逐步取消慢冻法，改用快冻法。

本书冻融循环试验参考《普通混凝土长期性能和耐久性性能试验方法》[64]中快速冻融法进行。

混凝土快速冻融试验方法首先由美国ASTM提出，ASTM法有两种，一为快速水冻水融法，混凝土在水中冻结和融化；二为快速气冻水融法，混凝土在冷冻室的空气中冻结，然后移至水池中融化。除另有规定的限制外，快冻法每个试件应连续进行300次循环，若在300次循环前混凝土的相对动弹性模量降到初始值的60%或重量损失达5%时，试验即终止，该方法用耐久性指数表征混凝土的抗冻性。动弹性模量能较敏感地反映内部结构的损伤，且测试方法为非破损方法，因此多数国家采用这种方法。但这个方法不能定量地衡量混凝土的使用寿命，而只能用于研究混凝土性质变化对抗冻性的影响。

本书冻融试验中，冻融循环次数的选定主要考虑以下几个因素：一方面因为本书试验主要是研究冻害对粘贴加固普通混凝土梁疲劳性能的影响，冻融循环的次数不宜选得过多，循环次数过多会引起混凝土试件本身的破坏，对试验结果则无意义；另一方面已有试验结果表明[65]，不采取其他抗冻措施的普通混凝土试件在冻融循环次数超过125次以上时，部分试件已经完全发生破坏。因此，确定粘贴加固混凝土梁的冻融循环试验进行50次。

冻融试验步骤为：

(1) 冻融试验前四天对试件进行外观检查，然后在温度为15 ℃±2 ℃的水中浸泡(包括测温试件)。浸泡时水面高出试件顶面20 mm左右。图4.1为试件冻融前浸泡图。

(2) 浸泡完毕后，取出试件，用湿布擦除表面水分，称重以及测量试件的初始动弹性模量。

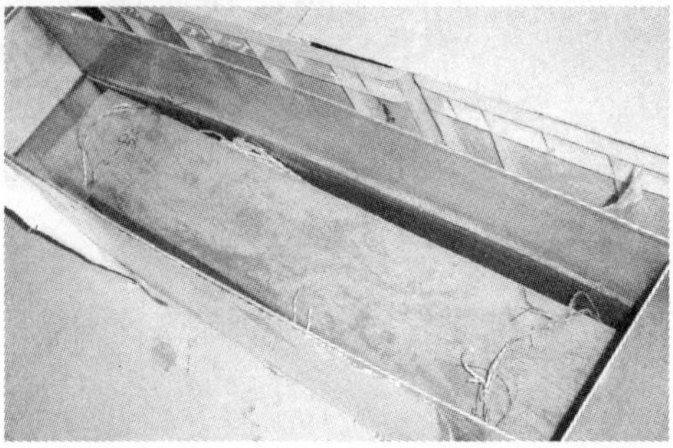

图 4.1　试验梁在试件盒浸泡

(3) 将试件放入试件盒内,为了使试件受温均衡,并消除试件周围因水分结冰引起的附加压力,试件的侧面与底部垫放适当宽度与厚度的橡胶板,在整个试验过程中,保持盒内水位高度始终高出试件顶面 5 mm 左右。

(4) 把试件盒放入冻融箱内。其中装有测温试件的试件盒放在冻融箱的中心位置,开始冻融循环。

(5) 进行冻融循环。试验中,每次冻融循环在 4～5 h 内完成,其中用于融化的时间约为 2 h,约占整个冻融时间的 1/3 ～1/2。在冻结和融化终了时,试件中心温度分别控制在－17℃±2℃和 8℃±2℃。试件从 6℃降至－15℃所用的时间约为 2 h,约占整个冻结时间的 80%。每块试件从－15℃升至 6℃所用的时间约为 1.5 h,约占整个融化时间的 75%,试件内外的温差为 15℃左右,小于规范规定的 28℃。冻和融之间的转换时间为 5 min 左右。

(6) 每隔 25 次循环对试件作一次动弹性模量测量。测量前将试件表面浮渣清洗干净,擦去表面积水,并检查其外部损伤及重量损失。测完后,立即把试件掉个头重新装入试件盒内。

混凝土动弹性模量的测试采用超声波法,其原理在于混凝土的动弹性模量与超声波速度具有如下的理论关系

$$E=\frac{\rho(1+\upsilon)(1-2\upsilon)}{1-\upsilon}v^2 \tag{4.1}$$

式中　E——材料的动弹性模量；

ρ——材料密度；

υ——材料 Poisson 比；

v——材料的超声波速度。

由于混凝土材料的 Poisson 比和密度变化幅度不大，可以认为在试验过程中混凝土的 Poisson 比不变。故而混凝土的相对动弹性模量 E_r 可用下式计算

$$E_r=\frac{E_t}{E_0}=\frac{v_t^2}{v_0^2} \tag{4.2}$$

式中　E_0——混凝土试验前的初始弹性模量；

v_0——混凝土试验前的超声波速度；

E_t——混凝土冻融一定循环次数时的动弹性模量；

v_t——混凝土冻融一定循环次数时的超声波速度。

试件冻融后的重量损失率为

$$\Delta W=\frac{G_0-G_n}{G_0}\times 100\% \tag{4.3}$$

式中　ΔW——经 n 次冻融循环后试件的重量损失率；

G_0——冻融试验前的试件重量；

G_n——n 次冻融后试件重量。

通过对一组试验梁和一组混凝土试块测量数据的整理和分析，从试件的表面剥落情况、相对动弹性模量下降等方面，评价了试验梁的冻融损伤情况，并为后期混凝土梁的疲劳试验研究提供了依据。随着冻融循环次数的逐渐增加，各组试件的相对动弹性模量都在减小，各组试件冻

融试验现象如图 4.2 所示，测得的冻融参数结果见表 4.1。

(a) 混凝土试块

(b) CFRP片材加固梁和未加固梁

图 4.2　冻融 50 次后的试件

表 4.1　相对动弹性模量值表

试件	冻融次数	超声波速度(m/s)	相对动弹性模量(%)	重量损失率(%)
	0	2 351.8	—	—
试块 F1	25	2 343.6	99.3	−0.95
	50	2 331.4	99	1.2
	0	2 383.3	—	—
试块 F2	25	2 372.2	99.1	−0.27
	50	2 405.1	102.8	1.88
	0	2 363.8	—	—
试块 F3	25	2 318.9	96.2	−0.59
	50	2 216.9	95.6	1.05

续表 4.1

试件	冻融次数	超声波速度(m/s)	相对动弹性模量(%)	重量损失率(%)
FB1	0	3 825.0	—	—
	50	3 738.5	95.5	—
FBC1	0	3 798.1	—	—
	50	3 490.0	84.4	—
FBC2	0	3 783.0	—	—
	50	3 394.1	80.5	—

当冻融循环 25 次时发现试件表面水泥浮浆剥落，试件表面变得粗糙、不平整，当冻融循环 50 次时，试件表面剥落已经比较严重，粗骨料外露，表面有许多的凹坑。

表 4.1 中试块 F2 经 50 次冻融循环后相对动弹性模量未下降，可能是由于冻融次数少，混凝土硬化的强度大于本身冻融的破坏，故冻融未造成损伤。

冻融试验后，测试了同步冻融标准试块的强度，见表 4.2。

表 4.2　试块强度值表

冻融次数	试块抗压强度平均值(N/mm^2)
0	39.6
50	23.2

4.2　疲劳试验过程

试验梁 FB1 是经受冻融作用后进行疲劳试验的钢筋混凝土梁。试验梁在第一次静载(0～25 kN)后出现 6 条裂缝，最大宽度为 0.05 mm。

200 万次后增加高负荷至 40 kN 时，裂缝最大宽度为 0.15 mm。289 万次时，一侧支座附近 1 条斜裂缝突然变宽，且在其附近发展多条细斜裂缝。291.9 万次时与此斜裂缝相交处的主筋相继断裂。图 4.3 为冻融作用后钢筋混凝土梁 FB1 疲劳破坏后照片。

图 4.3 钢筋混凝土梁 FB1 冻融作用后疲劳破坏

试验梁 FBC1 是粘贴 CFRP 片材加固后再经受冻融作用的。试验梁在第一次静载(0～40 kN)后出现 6 条裂缝，最大宽度为 0.02 mm。约 250.6 万次时与裂缝相交处的主筋相继断裂，断裂发生在夜里。图 4.4 为粘贴 CFRP 片材加固梁 FBC1 在冻融循环作用后的疲劳破坏照片。

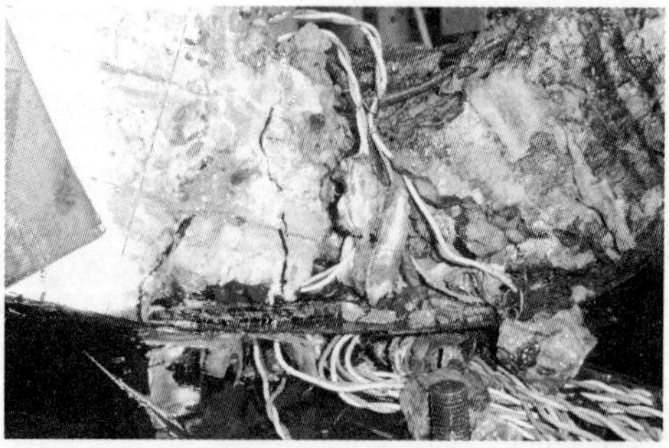

图 4.4 粘贴 CFRP 片材加固梁 FBC1 冻融作用后疲劳破坏

试验梁 FBC2 是经受冻融循环作用后再粘贴 CFRP 片材加固的梁。试验梁在第一次静载(0～40 kN)后出现 3 条裂缝，最大宽度为

0.05 mm。238.87 万次时，一条弯曲裂缝突然变宽，且在此裂缝附近新增加了 1 条沿主筋方向的纵向裂缝，此纵向裂缝一出现很快变宽，此后随着疲劳循环次数增加，裂缝宽度明显变更宽。241.3 万次时梁底 CFRP 片材带部分混凝土与主筋以上梁体剥离，受压区混凝土有压碎现象。图 4.5 为冻融循环作用后粘贴 CFRP 片材加固梁 FBC2 疲劳破坏后照片。

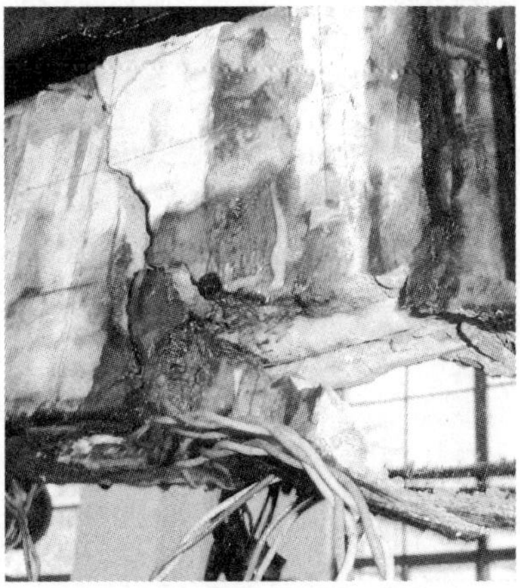

图 4.5　冻融作用后粘贴 CFRP 片材加固梁 FBC2 疲劳破坏

从试验梁的疲劳试验过程来看，粘贴 CFRP 片材加固梁 FBC1 和未加固梁 FB1 经冻融循环作用 50 次后，在疲劳循环荷载作用下都是以开始于主筋疲劳断裂为疲劳破坏标志，主筋疲劳断裂时的疲劳循环次数为梁的疲劳寿命。钢筋混凝土梁在冻融循环作用后粘贴 CFRP 片材加固的梁 FBC2 的疲劳破坏为剥离破坏，剥离时的疲劳循环次数为梁的疲劳寿命。

经受冻融循环作用的粘贴 CFRP 片材加固梁 FBC1、FBC2 和一般条件下的粘贴 CFRP 片材加固梁 BC2 所施加的疲劳荷载是一样的，比较加固梁 FBC1、FBC2 和梁 BC2 的疲劳的破坏过程可以得出，在相同疲劳荷载作用下，粘贴 CFRP 片材加固梁经冻融循环 50 次后，其疲劳寿命比未经冻融作用 CFRP 片材加固梁疲劳寿命减少约 1%，经冻融循环 50 次后再粘贴 CFRP 片材的加固梁的疲劳寿命比一般条件下的 CFRP 片材加固梁疲劳寿命减少 4.8%。

冻融作用后的钢筋混凝土梁 FB1 和一般条件的钢筋混凝土梁 B1 所施加的疲劳荷载是一样的,比较试验梁 FB1 和梁 B1 的疲劳的破坏过程可以得出,在相同疲劳荷载作用下,经冻融循环 50 次后的钢筋混凝土梁发生的是斜截面破坏,未经冻融循环的钢筋混凝土梁发生的是正截面破坏。经冻融循环作用的钢筋混凝土梁的疲劳寿命,比未经冻融循环作用的钢筋混凝土梁的疲劳寿命减少约 1%。

在疲劳试验中,经受冻融作用的钢筋混凝土梁发生斜截面破坏,下面分析该梁的抗剪承载力。

在集中力作用下钢筋混凝土梁的抗剪承载力为[66]

$$V=\frac{0.2}{\lambda+1.5}f_{c}bh_{0}+1.25\frac{A_{sv}}{s}h_{0}f_{s} \tag{4.4}$$

式中 λ——剪跨比;

f_c——混凝土轴心抗拉强度;

b——梁截面宽度;

h_0——截面有效高度;

A_{sv}——某一截面内箍筋各肢的总面积;

s——箍筋的间距;

f_s——箍筋的抗拉强度。

按式(4.4)计算得的一般条件下的和冻融作用的钢筋混凝土梁的抗剪承载力值见表 4.3。表中结果显示由于冻融作用后混凝土强度降低使得钢筋混凝土梁抗剪承载力降低,而按式(4.4)计算的构件的抗剪承载力一般比试验值低[66]。因此一般条件下的钢筋混凝土梁 B1 疲劳破坏为正截面破坏,而冻融条件下钢筋混凝土梁 FB1 在疲劳荷载(疲劳上限为 40 kN)作用下发生斜截面破坏是因为冻融后混凝土强度降低导致钢筋混凝土梁 FB1 抗剪承载力降低。

表 4.3　试验梁抗剪承载力值表

试验梁	f_c (MPa)	抗剪承载力(kN)
B1	27	37.2
FB1	16.2	30.1

4.3　裂缝分布

图 4.6、图 4.7 和图 4.8 分别为试验梁 FB1、FBC1 和 FBC2 在疲劳加载过程中的裂缝分布情况，图中数字表示疲劳循环次数。

图 4.6 中标注为 0 的裂缝分布显示，经受冻融循环作用的钢筋混凝土梁在第一次静载时弯曲裂缝已经基本出齐，在疲劳荷载作用下，已有裂缝不断扩展。在 50 万次后，这些裂缝较为稳定。当疲劳循环 200 万次时，增加疲劳荷载上限至 40 kN 后，有 2 条新的斜裂缝产生。图 4.6 裂缝分布显示，在疲劳循环 200 万次前表现为少量斜裂缝和明显的弯曲裂缝，200 万次后斜裂缝宽度发展较显著。

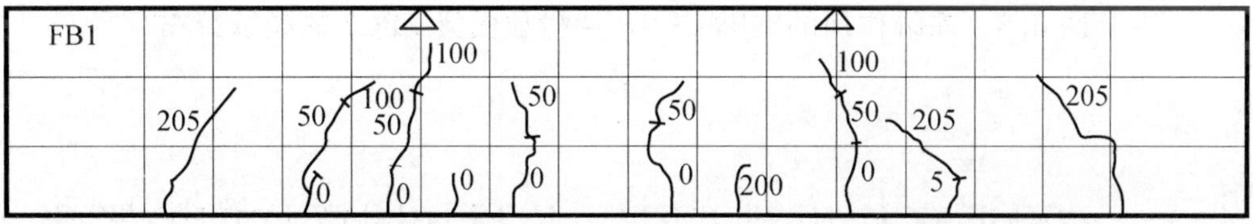

图 4.6　冻融作用的钢筋混凝土梁 FB1 的裂缝分布

图 4.7 中标注为 0 的裂缝分布显示，CFRP 片材加固梁在经受冻融循环作用后，在第一次静载时弯曲裂缝已经基本出齐，在疲劳荷载作用下，已有裂缝不断扩展。当疲劳循环 200 万次，增加疲劳荷载上限至 60 kN后，有 2 条新的细小的弯曲裂缝产生。图 4.7 裂缝分布表现为少

量斜裂缝和较明显的弯曲裂缝。

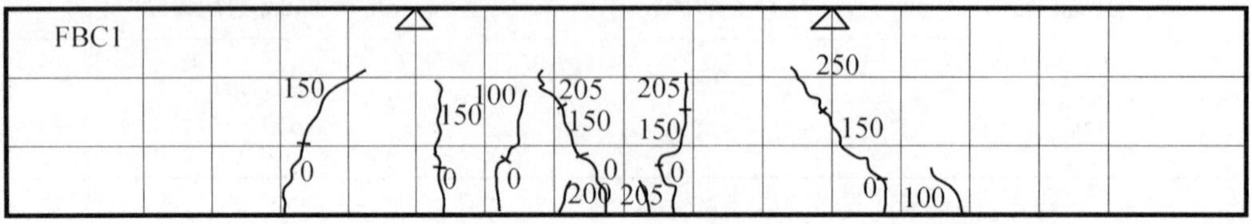

图 4.7　冻融作用的粘贴 CFRP 片材加固梁 FBC1 的裂缝分布

图 4.7 中标注为 0 的裂缝分布显示，CFRP 片材加固经受冻融循环作用的钢筋混凝土梁，在第一次静载时弯曲裂缝已经基本出齐，在疲劳荷载作用下，已有裂缝不断扩展。当疲劳循环 200 万次，增加疲劳荷载上限至 60 kN 后，有 3 条新的斜裂缝产生。约循环 238 万次时出现 1 条约沿主筋方向纵向裂缝，此纵向裂缝一出现很快变宽。图 4.7 裂缝分布表现为少量斜裂缝和较明显的弯曲裂缝及纵向裂缝。

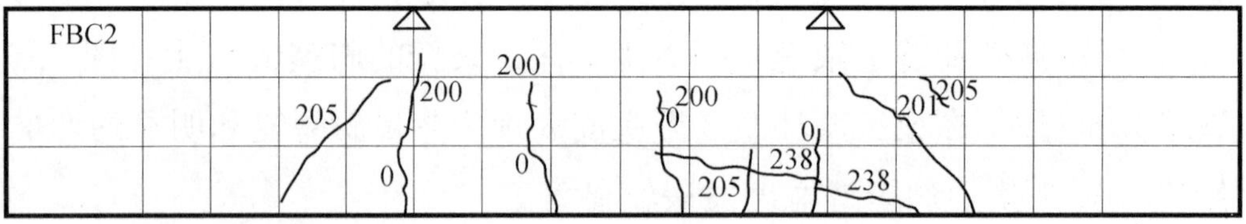

图 4.8　冻融作用的粘贴 CFRP 片材加固梁 FBC2 的裂缝分布

4.4　冻融循环作用对 CFRP 片材加固梁挠度的影响

图 4.9 是荷载上限时（40 kN 或 60 kN）粘贴 CFRP 片材加固梁 BC2、FBC1 和 FB2 的挠度与疲劳循环次数的关系曲线，粘贴 CFRP 片材加固梁 BC2 数据来源于第 3 章的一般条件的疲劳试验。由图 4.9 可见，相同疲劳荷载作用下，经冻融循环作用的粘贴 CFRP 片材加固梁（FBC1

和 FB2）的挠度比一般条件的粘贴 CFRP 片材加固梁（BC2）的挠度大；在临近疲劳破坏前，经冻融作用后再粘贴 CFRP 片材加固的试验梁（FBC2）的挠度增加较快。

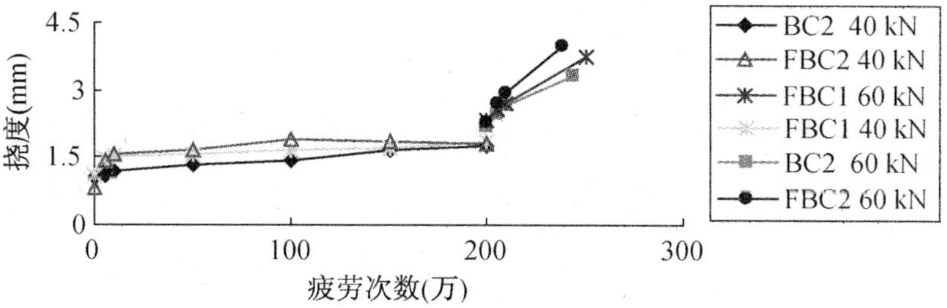

图 4.9　冻融作用与一般条件的 CFRP 片材加固梁挠度与循环次数曲线比较

从图 4.10 为冻融循环作用与一般条件的粘贴 CFRP 片材加固梁在疲劳加载 150 万次后的荷载—挠度曲线，粘贴 CFRP 片材加固梁 BC2 数据来源于第 3 章的疲劳试验。加固梁 BC1、FBC1 和梁 FBC2 所承受的疲劳荷载相同，所以比较图中曲线可以得出，经过 150 万次疲劳循环后，在 40 kN 疲劳上限荷载作用下，梁 BC2 的挠度为 1.61 mm，梁 FBC1 和梁 FBC2 的挠度分别为 1.71 mm 和 1.85 mm，即冻融循环作用的 CFRP 片材加固梁的挠度比一般条件的 CFRP 片材加固梁的挠度增加 6.2%～14.9%。从图中曲线的斜率分布来看，与一般条件的 CFRP 片材加固梁相比，冻融循环作用的 CFRP 片材加固梁的刚度略有衰减。

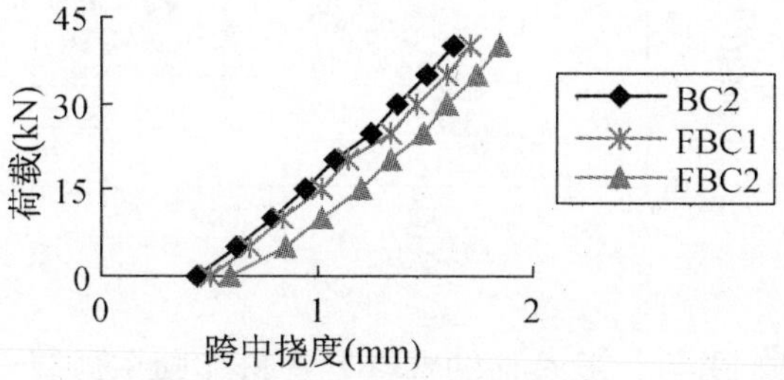

图 4.10　冻融作用与一般条件的 CFRP 片材加固梁
荷载—挠度曲线（150 万次循环后）

4.5　冻融循环作用对 CFRP 片材加固梁钢筋应变的影响

图 4.11 为试验梁纵向受拉钢筋应变随疲劳循环次数的发展变化曲线，图中曲线显示，纵向受拉钢筋随疲劳循环次数的增加，呈现出了初期增长较快，而后期减慢并趋于稳定。当增加疲劳荷载上限后，随着疲劳循环次数增加，钢筋应变增加较快，在接近破坏前，钢筋应变急速增加。

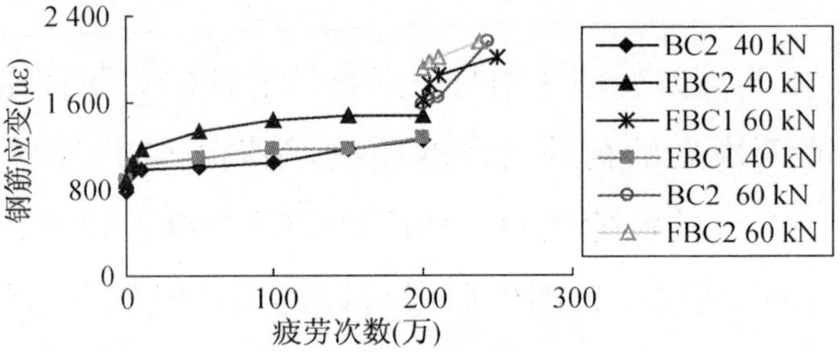

图 4.11　冻融作用与一般条件的 CFRP 片材加固梁的钢筋应变随疲劳循环次数分布

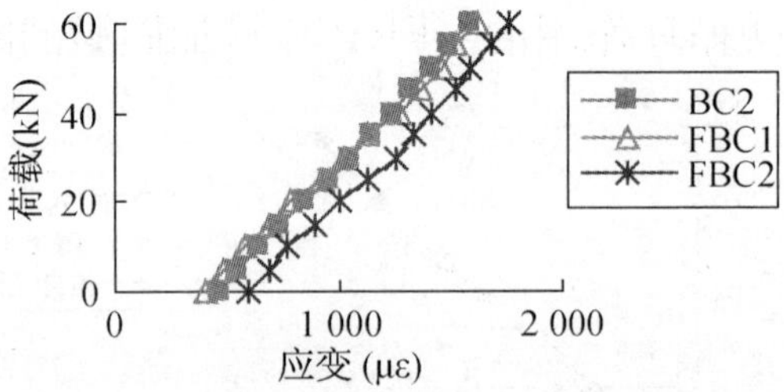

图 4.12　冻融作用与一般条件的 CFRP 片材加固梁荷载—钢筋应变曲线

图 4.12 为疲劳加载 200 万次后静载时试验梁的荷载与受拉钢筋应变

的关系曲线，比较图 4.12 中荷载—挠度曲线可以看出，在相同疲劳加载情况下，经冻融循环作用后试验梁钢筋应变变化速率与未经冻融循环作用的试验梁相比，相差不大。图 4.12 中曲线显示，有冻融循环作用的粘贴 CFRP 片材加固梁钢筋应变值与一般条件的加固梁的钢筋应变值相比，增加了 2.14%～11.2%，其中冻融循环作用后再粘贴 CFRP 片材加固的试验梁钢筋应变值较大，因为该试验梁钢筋残余应变相对较大。

4.6　冻融循环作用对 CFRP 片材应变的影响

图 4.13 为冻融循环作用与一般条件的粘贴 CFRP 片材加固梁梁底的跨中 CFRP 片材应变(图 2.4 中的测点 8)，随疲劳荷载循环次数增加的发展变化曲线。由图 4.13 可知，CFRP 片材应变随疲劳荷载循环次数的增加，出现了初期较快增长，而后增长减慢并趋于稳定，当增加疲劳荷载上限值后，CFRP 片材应变增加较快，接近破坏时，CFRP 片材应变急速增加；第一次静载时 CFRP 片材的应变均可达到 1 100 $\mu\varepsilon$ 以上，且从疲劳加载开始直到临近破坏时，CFRP 片材应变一直处于增长状态，说明在整个疲劳循环过程中，是否经冻融损伤的加固梁的 CFRP 片材都

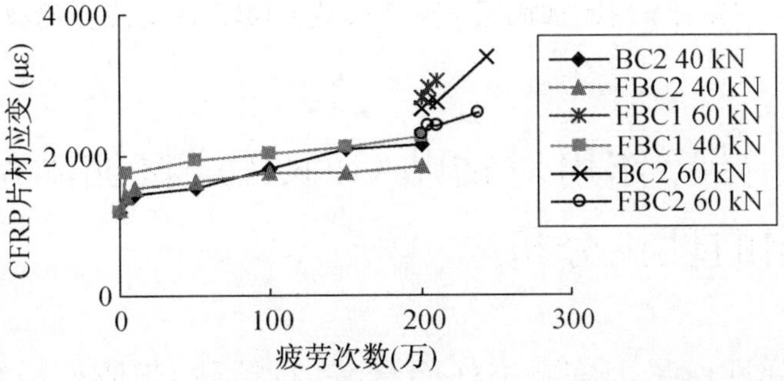

图 4.13　冻融作用与一般条件的加固梁跨中 CFRP 片材应变随疲劳次数分布

发挥了比较好的作用。

图 4.14 和图 4.15 为冻融作用的粘贴 CFRP 片材加固梁的 CFRP 片材应变沿梁底纵向分布图，图 4.14 和 4.15 中数据曲线显示，随着疲劳循环次数增加，梁底受弯区 CFRP 片材应变增大。图 4.15 中显示，当加固梁出现沿钢筋纵向开裂后，该处 CFRP 片材测点应变变小，即梁沿钢筋纵向裂缝影响 CFRP 片材发挥作用。

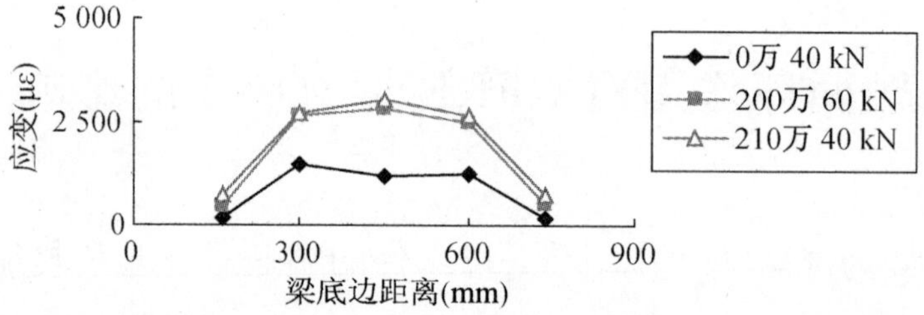

图 4.14　冻融作用的加固梁 FBC1 梁底 CFRP 片材应变沿梁底分布

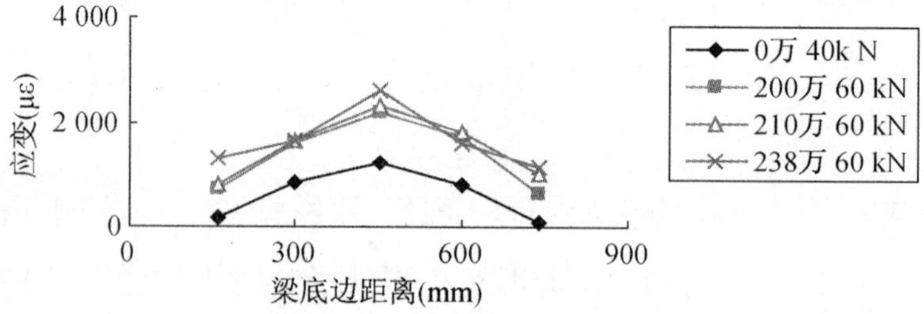

图 4.15　冻融作用的加固梁 FBC2 梁底 CFRP 片材应变沿梁底分布

4.7　冻融循环作用对粘贴 CFRP 片材加固梁刚度影响的理论分析

混凝土弹性模量因冻融损伤而衰减，对粘贴 CFRP 片材加固梁的刚度也会产生影响。目前国内外对粘贴 CFRP 片材加固梁的试验研究的一致结论是，粘贴 CFRP 片材加固后梁的刚度比未加固梁有所提高，但对于粘贴 CFRP 片材加固梁刚度的计算方法目前还不成熟。本书采用文献[67]的关于粘贴 CFRP 片材加固梁的刚度计算方法的研究成果，分析冻融循环作用对粘贴 CFRP 片材加固梁刚度的影响。

国内外大量的试验研究表明，粘贴 CFRP 片材加固梁与普通混凝土梁的刚度变化趋势基本上是一致的，都与裂缝的出现与发展有关，其刚度变化过程可以分为三个阶段：第Ⅰ阶段截面刚度保持不变，截面表现出较好的弹性性质；第Ⅱ阶段为受拉区混凝土开裂至纵向钢筋屈服；第Ⅲ阶段为纵向钢筋屈服后至极限状态。

杨勇新[67]考虑粘贴 CFRP 片材加固梁在裂缝发展稳定阶段时开裂截面的平截面假定、材料本构关系和截面平衡条件下，推导得到截面平均割线刚度。

（1）变形条件

由平截面假定得到 CFRP 片材的平均应变 $\bar{\varepsilon}_{cf}$ 和混凝土的平均应变 $\bar{\varepsilon}_c$ 分别为

$$\bar{\varepsilon}_{cf} = \varphi_{cf}\varepsilon_{cf} \tag{4.5}$$

$$\bar{\varepsilon}_c = \varepsilon_c \tag{4.6}$$

式中　$\bar{\varepsilon}_{cf}$，$\bar{\varepsilon}_c$ ——裂缝间 CFRP 片材和混凝土的平均应变；

φ_{cf} ——裂缝间 CFRP 片材应变的不均匀系数；

ε_c，ε_{cf} ——裂缝间截面受压区混凝土和受拉区 CFRP 片材的应变。

（2）材料本构关系

开裂截面受压区混凝土应力、受拉钢筋应力和 CFRP 片材应力分别按下式计算

$$\sigma_c = \varepsilon_c\lambda_c E_c = \bar{\varepsilon}_c\lambda_c E_c \tag{4.7}$$

$$\sigma_{cf} = \varepsilon_{cf} E_{cf} = \frac{\bar{\varepsilon}_{cf} E_{cf}}{\varphi_{cf}} \tag{4.8}$$

$$\sigma_s = \varepsilon_s E_s = \frac{\bar{\varepsilon}_s E_s}{\varphi_s} \tag{4.9}$$

式中 λ_c ——混凝土的受压变形塑性系数，其含义与普通混凝土梁计算截面刚度时一致；

φ_s ——裂缝间钢筋应变的不均匀系数；

E_c、E_s、E_{cf} ——分别为混凝土、钢筋和 CFRP 片材的弹性模量；

ε_s ——裂缝处钢筋的应变。

由式(4.8)得

$$\bar{\varepsilon}_{cf} = \frac{\sigma_{cf} \varphi_{cf}}{E_{cf}} \tag{4.10}$$

几何关系得

$$\bar{\varepsilon}_s = \frac{h_0}{h} \bar{\varepsilon}_{cf} \tag{4.11}$$

将式(4.10)代入式(4.11)得

$$\bar{\varepsilon}_s = \frac{h_0}{h} \frac{\sigma_{cf} \varphi_{cf}}{E_{cf}} \tag{4.12}$$

将式(4.12)代入式(4.9)得

$$\sigma_s = \frac{h_0}{h} \frac{E_s \varphi_{cf}}{\varphi_s E_{cf}} \sigma_{cf} \tag{4.13}$$

(3) 截面平衡条件

在忽略受拉区混凝土拉应力的情况下，建立截面的两个力的平衡方程为

$$M = \sigma_c \omega b x_{cr} (\eta h - a) + \sigma_{cf} A_{cf} a \tag{4.14}$$

$$M = \sigma_s A_s (\eta h - a) + \eta h \sigma_{cf} A_{cf} \tag{4.15}$$

式中　ω——受压区混凝土应力图形完整系数；

η——开裂截面上最大的力臂系数；

x_{cr}——开裂截面的混凝土受压区高度。

（4）刚度计算

截面的平均曲率

$$\frac{1}{\bar{\rho}} = \frac{\bar{\varepsilon}_c + \bar{\varepsilon}_{cf}}{h} \tag{4.16}$$

将式(4.7)、式(4.8)和式(4.14)、式(4.15)依次代入式(4.16)，并记

$$n_{cf} = \frac{E_{cf}}{E_c}, \qquad n_s = \frac{E_s}{E_c}$$

$$\mu_{cf} = \frac{A_{cf}}{bh}, \qquad \mu_s = \frac{A_s}{bh_0}$$

$$\varphi_{cs} = \frac{\varphi_{cf}}{\varphi_s}$$

可以得出

$$\bar{\rho} = \frac{(\eta h - a)h_0 E_s \varphi_{cs} A_s + \eta h^2 E_{cf} A_{cf}}{M} \frac{1}{\varphi_{cf} + \dfrac{n_s \varphi_{cs} \mu_s + n_{cf} \mu_{cf}}{\omega \lambda \left(\dfrac{x_{cr}}{h_0}\right)}} \tag{4.17}$$

则截面平均割线刚度为

$$B = \frac{M}{\dfrac{1}{\bar{\rho}}} = \frac{(\eta h - a)h_0 E_s \varphi_{cs} A_s + \eta h^2 E_{cf} A_{cf}}{\varphi_{cs} + \dfrac{n_s \varphi_{cs} \mu_s + n_{cf} \mu_{cf}}{\omega \lambda \left(\dfrac{x_{cr}}{h_0}\right)}} \tag{4.18}$$

根据试验结果分析[67]，取 $\varphi_{cs} = 1$，$\eta = 0.9$，$\varphi_{cf} \approx \varphi_s$，近似偏安全取 $\eta h - a = h_0$，记

$$K=\varphi_{\mathrm{cf}}+\frac{\varphi_{\mathrm{cs}}n_{\mathrm{s}}\mu_{\mathrm{s}}+n_{\mathrm{cf}}\mu_{\mathrm{cf}}}{\omega\lambda\left(\dfrac{x_{\mathrm{cr}}}{h_0}\right)} \tag{4.19}$$

根据试验结果[67]得到了在一般条件下 K 与 $n_{\mathrm{s}}\mu_{\mathrm{s}}+n_{\mathrm{cf}}\mu_{\mathrm{cf}}$ 的关系，统计分析得到

$$K=-0.0033\,(n_{\mathrm{s}}\mu_{\mathrm{s}}+n_{\mathrm{cf}}\mu_{\mathrm{cf}})^2+0.103(n_{\mathrm{s}}\mu_{\mathrm{s}}+n_{\mathrm{cf}}\mu_{\mathrm{cf}})+1.07 \tag{4.20}$$

简化的刚度计算公式为

$$B=\frac{1}{K}(h_0^2E_{\mathrm{s}}A_{\mathrm{s}}+0.9h^2E_{\mathrm{cf}}A_{\mathrm{cf}}) \tag{4.21}$$

(5) 冻融作用的粘贴 CFRP 片材加固梁刚度

对于截面相同，配筋相同、粘贴相同面积 CFRP 片材的加固梁，考察粘贴 CFRP 片材加固梁的刚度计算公式(4.21)，与一般条件下的 CFRP 片材加固梁刚度相比，冻融循环作用对于粘贴 CFRP 片材加固梁刚度的影响主要是式(4.21)中 K 值不同，将本书的一般条件的粘贴 CFRP 片材加固梁和冻融作用的粘贴 CFRP 片材加固梁刚度公式中 K 值比较，如表 4.4 所示。表 4.4 中的加固梁 FBC2 是用 CFRP 片材粘贴加固冻融循环作用后的混凝土梁，在粘贴 CFRP 前混凝土梁表面处理时打磨掉约 10 mm 的混凝土表层，表 4.4 中加固梁 FBC2 刚度计算时考虑了由此带来的梁高减小的影响。

表 4.4　K 值及刚度 B 值计算比较

加固梁	$n_{\mathrm{s}}\mu_{\mathrm{s}}+n_{\mathrm{cf}}\mu_{\mathrm{cf}}$	K	B (kN·m²)	备注
BC2	0.167 8	1.087	710.79	一般条件
FBC1	0.258 3	1.096	704.95	粘贴 CFRP 后冻融循环 50 次
FBC2	0.258 3	1.096	695.60	冻融循环 50 次后粘贴 CFRP

由表 4.4 中 K 值比较得到，冻融循环 50 次作用使得 CFRP 片材加

固梁的刚度下降了 0.82%，加固梁 FBC2 刚度下降了 2.1%，其中包括梁高减小了 10 mm 的影响。从上面的理论分析可以得出，冻融循环 50 次作用对粘贴 CFRP 片材加固梁刚度影响很小。

以上刚度计算公式是基于粘贴 CFRP 片材加固混凝土梁静载试验结果分析并验证的。图 4.16 是本书冻融条件下与一般条件下的粘贴 CFRP 片材加固梁在疲劳加载之前的第一次静载试验得到的的荷载—挠度曲线。从图中曲线的斜率分布可以得出，冻融循环 50 次作用对粘贴 CFRP 片材加固梁刚度影响很小。所以冻融循环作用对粘贴 CFRP 加固梁刚度的影响的理论分析结果与本书试验结果是相符的。

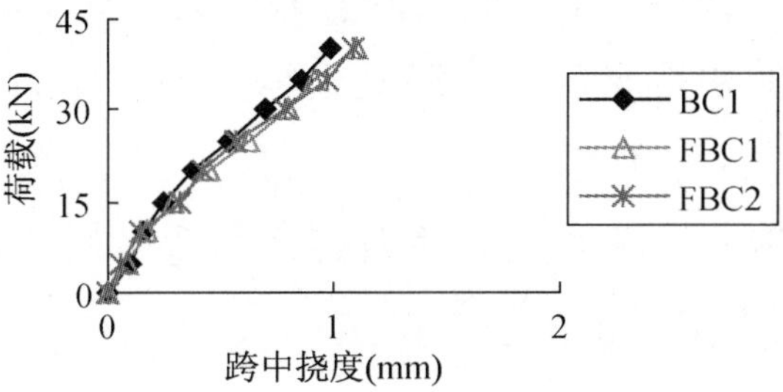

图 4.16　冻融作用与一般条件的 CFRP 片材加固梁的荷载—挠度曲线(第一次静载)

4.8　CFRP 片材加固冻融作用后混凝土梁的疲劳剥离破坏

1）剥离区域的应力

CFRP 片材与混凝土黏结局部区域的应力有如下几种[68-70]。

(1) 黏结应力

根据试验资料可以知道，当 CFRP 片材可靠黏结在混凝土表面上时,CFRP 片材与混凝土的锚固、黏结与钢筋在混凝土中的锚固、黏结十分相似,CFRP 片材与混凝土间黏结应力是沿梁长度方向变化的,其值主要与荷载效应、黏结锚固面积、材料性质等因素有关。在混凝土未开裂之前,混凝土与 CFRP 片材共同受力。混凝土产生裂缝后黏结应力局部形态发生变化,裂缝处 CFRP 片材与混凝土黏结界面上某点突然产生微小的分离,该处混凝土开裂不再承担拉力(弯矩作用),而 CFRP 片材承担的拉力(弯矩作用)有一个突然的增长,随着沿该裂缝向两侧距离的增加,由于 CFRP 片材黏结着混凝土共同工作的结果,混凝土承担的荷载(弯矩)在黏结应力的作用下逐渐积累增加,而 CFRP 片材承担的荷载(弯矩)又逐渐降低到混凝土开裂前两者共同受力的水平,而黏结应力在一定长度范围内的积累即可以使混凝土承担的拉应力达到混凝土的抗拉强度,又产生新的裂缝,由于 CFRP 片材对混凝土的变形约束是纵横两向的,因此,CFRP 片材加固构件中裂缝的宽度较普通混凝土梁中的裂缝宽度要小,裂缝间距也要小一些。

其局部黏结应力分布一般大致如图 4.17 所示,在分析剥离破坏时主要考虑 CFRP 片材端部和裂缝处的局部黏结应力。当局部黏结应力的峰值(或平均黏结应力)超过 CFRP 片材与混凝土间的黏结强度或混凝土的抗(拉)剪强度时就会发生剥离。

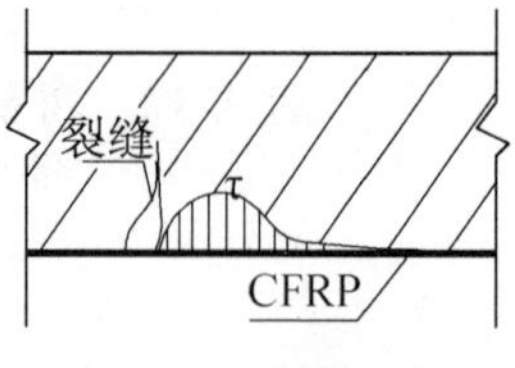

图 4.17　局部黏结应力示意

(2) CFRP 片材与混凝土之间的剥离应力

混凝土产生裂缝后,裂缝两侧的混凝土由于各种原因的综合作用产生了不相等的相对竖向位移,而 CFRP 片材要保持其连续性必然在裂缝两侧承担垂直于 CFRP 片材平面的应力,这种应力在 CFRP 片材未与混凝土沿 CFRP 片材纵向剥离时是局部平衡的,如图 4.18 所示,但是,裂缝某一侧的

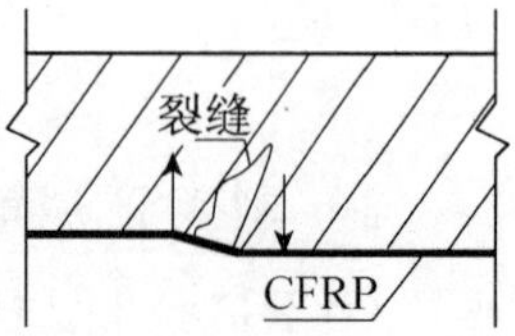

图 4.18　局部平衡的剥离应力

这种应力的作用效果使得 CFRP 片材产生离开混凝土的趋势，即 CFRP 片材剥离的趋势。把产生剥离作用效果的应力称为 CFRP 片材与混凝土之间的剥离应力。已有研究成果表明，剥离应力的存在对 CFRP 片材的剥离有着极其重要的影响，其数值大小与许多因素有关，在分析剥离现象时主要考虑 CFRP 片材端部、集中加载处和主裂缝处的剥离应力。

(3) 剪应力

梁中弯剪区段都存在着荷载作用产生的剪应力，CFRP 片材与混凝土黏结部位的这种剪应力是垂直于 CFRP 片材平面的，对 CFRP 片材来说其作用效应实际上是类似于剥离应力的正应力，也起到使 CFRP 片材产生离开混凝土而剥离的趋势的作用。其大小主要与外荷载大小、作用部位有关。同时应注意，上述的剪应力与剥离应力对 CFRP 片材的剥离来说是两种不同的应力。剪应力是外荷载产生的，而剥离应力是由于裂缝导致的相对错位引起的，但对剥离的产生起到了相同的作用。当裂缝处的剪应力与剥离应力迭加后超过 CFRP 片材与混凝土间的黏结强度或混凝土的实际抗拉强度时，就会发生剥离。

2) 剥离机理

粘贴 CFRP 片材对梁受拉区域的混凝土有纵向和横向的约束作用，由于混凝土材料的非匀质性，当荷载达到一定水平时，首先在某薄弱截面处混凝土浅层产生裂缝，使这种约束作用逐渐减弱，CFRP 片材及其黏结的局部混凝土区域实际上处于上述的荷载效应(弯矩)产生的沿 CFRP 片材水平纵向的黏结应力、由剪力产生的垂直于 CFRP 片材的竖向剪应力，以及裂缝开展造成的竖向局部剥离应力等多向应力作用下的应力集中状态，随着荷载的增大，这种应力集中状态逐渐加剧，当某一个或几个应力的组合使混凝土中主拉应力达到或超过混凝土的抗拉(或抗剪)强度时，CFRP 片材从某一裂缝处(剥离起源点)开始与混凝土分离，逐渐向一侧或两侧发展，依据加载速度的不同、各种材料性质的不同、施工质量的差别等，这种分离的发展速度有快有慢，最终发生剥离破坏。换句话说，CFRP 片材与混凝土之间的剥离破坏实际上是黏结区域在上述各种应力的综合作用下，由于应力集中使局部平均主拉应力达到或超过混凝土的抗拉（或抗剪）强度后逐次分离形成的。由于 CFRP 片材与树脂胶之间、树脂胶与混凝土之间的黏结强度在保证粘贴质量的情况下都大于混凝土的抗拉强度，所以，绝大多数的剥离破坏都发生在构件混凝土保护层区域内。

机理说明了裂缝为剥离源，即在很大程度上证明了剥离正应力对剥离的影响。

3）加固梁剥离破坏分析

本次试验中，冻融作用后粘贴 CFRP 片材加固梁 FBC2 发生的疲劳破坏属于弯剪主裂缝处的剥离破坏。已有的试验研究[71]表明，在试验梁发生中部剥离时，在梁的纯弯曲或剪跨区裂缝处发生 CFRP 片材沿梁的纵向剥离，并逐渐向 CFRP 片材端部发展（混凝土保护层不会完全被拉下）。本次试验中加固梁发生剥离破坏时 CFRP 片材没有逐渐向端部发展而是向跨中方向发展，并且发现 CFRP 片材连带剥离区的整个保护层与主筋以上梁体分离（图 4.5），这是因为：

（1）在剥离开始端的裂缝处有 U 形箍的约束，限制了 CFRP 片材剥离向端部发展。

（2）由于加固梁 FBC2 是钢筋混凝土梁经冻融循环作用后粘贴 CFRP 片材，粘贴 CFRP 片材前进行梁体表面处理时打磨掉松散、剥落的混凝土约 10 mm，所以保护层较薄。

（3）研究结果表明[72]：冻融作用造成了钢筋与混凝土之间的化学胶着力遭到了大部分的破坏，并且钢筋与混凝土之间的咬合力、摩擦系数都降低。即冻融循环作用后，钢筋与混凝土的黏结强度有非常明显的下降。

第 5 章　冻融条件下粘贴钢板加固混凝土梁的疲劳性能

本章通过分析冻融试验结果和疲劳试验结果，介绍了受冻融循环作用的粘贴钢板加固混凝土梁的疲劳受力性能，并对比分析了有冻融循环作用的粘贴钢板加固混凝土梁和粘贴 CFRP 片材加固混凝土梁的疲劳性能。试验梁的制作与第 2 章 BS2 试验梁相同。两根试验梁都是先粘贴钢板再进行冻融试验，冻融试验与第 4 章的试验梁同批进行。试验梁的疲劳加载上限和下限见表 5.1，疲劳加载前试验梁增设了 U 形箍。

表 5.1　试验梁疲劳荷载

试验梁编号	P_{min} (kN)	P_{max}(kN)	
		P_{max1}	P_{max2}
FBS1	5	60	—
FBS2	5	40	60

5.1　冻融试验结果

当冻融循环 25 次时发现粘贴钢板加固梁 FBS1 混凝土表面水泥浮浆剥落，当冻融循环 50 次时，粘贴钢板加固梁 FBS1 表面少量粗骨料外露，表面有许多的凹坑，粘贴钢板加固梁 FBS2 表面未见粗骨料外露。图 5.1 为两根粘贴钢板加固混凝土梁在冻融循环 50 次后的照片。

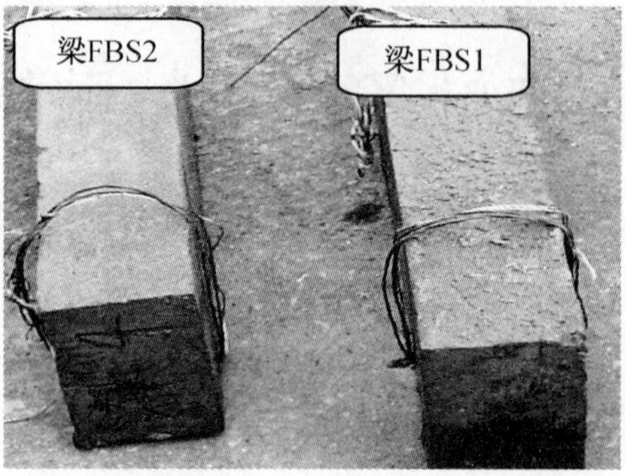

图 5.1　冻融 50 次后的粘贴钢板加固梁

冻融试验后，测试了粘贴钢板加固梁的相对动弹性模量(表 5.2)。

表 5.2　相对动弹性模量值表

加固梁	冻融次数	超声波速度(m/s)	相对动弹性模量(%)
FBS1	0	3 895.5	—
	50	3 742.4	92.3
FBS2	0	3 916.8	—
	50	3 894.1	98.8

5.2　疲劳试验过程

冻融循环作用的粘贴钢板加固梁 FBS1 在第一次静载(0～60 kN)后出现 3 条斜裂缝，裂缝最大宽度为 0.02 mm。疲劳加载 34.6 万次时，一条斜裂缝突然变宽，38.2 万次时与此斜裂缝相交处的主筋相继断裂。

图 5.2 为冻融作用的粘贴钢板加固梁 FBS1 疲劳破坏后照片。

图 5.2　冻融作用的粘贴钢板加固梁 FBS1 疲劳破坏

冻融循环的粘贴钢板加固梁 FBS2 在疲劳加载前的静载(0～40 kN)中未出现裂缝。4.8 万次后,观测到 2 条斜裂缝,最大宽度为 0.12 mm。200 万次后增加疲劳上限至 60 kN。225 万次时,一条斜裂缝突然变宽。226.8 万次时与此斜裂缝相交处的主筋相继断裂。图 5.3 为冻融循环作用的粘贴钢板加固梁 FBS2 疲劳破坏后照片。

图 5.3　冻融循环作用的粘贴钢板加固梁 FBS2 疲劳破坏

粘贴钢板加固梁 FBS1 和 FBS2 经冻融循环作用 50 次后在疲劳循环荷载作用下,其破坏都是开始于钢板端部部分黏结失效,最终都是在与最大宽度斜裂缝相交处的主筋疲劳断裂,主筋断裂时的疲劳循环次数分别为 38.2 万次和 226.8 万次。即疲劳荷载水平越高,粘贴钢板加固梁的主筋断裂时疲劳循环次数越少。

由第 3 章疲劳试验结果得到，一般条件下的粘贴钢板加固梁 BS1 和 BS2 在主筋断裂时的疲劳循环次数分别为 213.5 万次和 250.1 万次，前 200 万次疲劳荷载上限为 25 kN，200 万次后疲劳荷载上限为 40 kN，即一般条件下的加固梁 BS1 和 BS2 在疲劳荷载上限为 40 kN 作用时的疲劳循环次数为 13.5 万次和 50.1 万次，而冻融条件下的粘贴钢板加固梁 FBS2 在疲劳荷载上限 40 kN 作用下，循环 200 万次主筋还没有断裂，也没有观察到钢板剥离，说明粘贴钢板加固混凝土梁的加固钢板两端的 U 形箍的锚固作用明显。

5.3 裂缝分布

图 5.4 和图 5.5 分别为冻融作用的粘贴钢板加固梁 FBS1 和 FBS2 的裂缝分布图，图中标注数字为疲劳加载循环次数。

加固梁 FBS1 的裂缝分布图 5.4 中标注为 0 的裂缝分布显示，经受冻融循环作用的粘贴钢板加固梁在第一次静载时出现 3 条斜裂缝，疲劳循环 5 万次后新增加一条斜裂缝，疲劳循环 10 万次后出现细小弯曲裂缝，梁体的斜裂缝宽度迅速发展。图 5.4 裂缝分布表现为明显的斜裂缝和细小的弯曲裂缝。

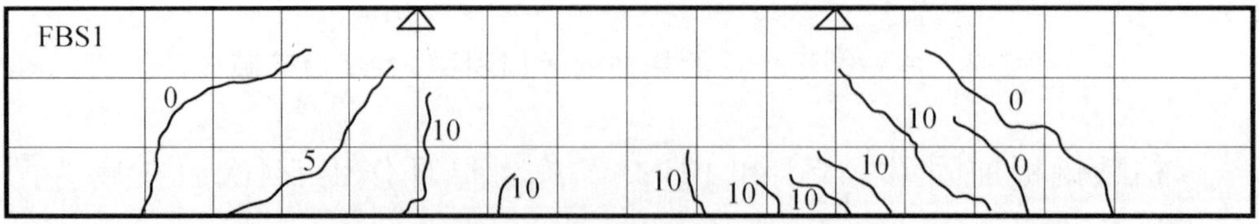

图 5.4 冻融作用的粘贴钢板加固梁 FBS1 的裂缝分布

冻融作用的粘贴钢板加固梁 FBS2 的裂缝分布图 5.5 显示，在第一次静载时未出现裂缝，在疲劳加载初期出现少量斜裂缝，疲劳加载200万次后，试验梁的裂缝分布为少量较宽的斜裂缝。当增加疲劳上限时，原有斜裂缝不断扩展且变宽，同时出现较多条细小的弯曲裂缝，210万次后出现了一条纵向裂缝。图5.5裂缝分布表现为明显的斜裂缝和细小的弯曲裂缝。

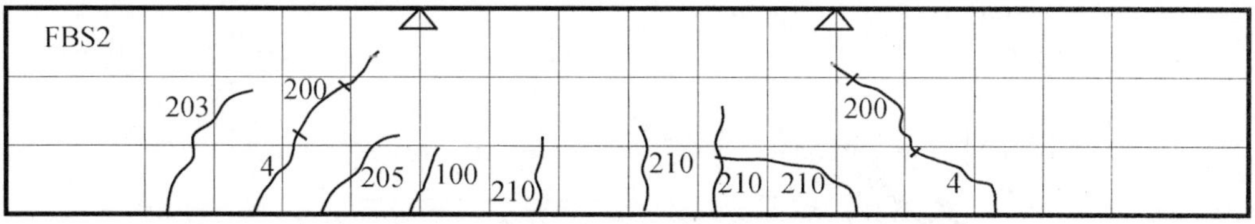

图5.5　冻融作用的粘贴钢板加固梁FBS2的裂缝分布

5.4　挠度

图5.6为冻融循环作用的粘贴钢板加固梁FBS1在各循环荷载次数下的荷载与挠度的关系曲线图。从图5.6中曲线可以看出，在疲劳荷载上限60 kN作用时，随着疲劳循环次数增加，加固梁FBS1的残余挠度不断增加，刚度衰减明显。

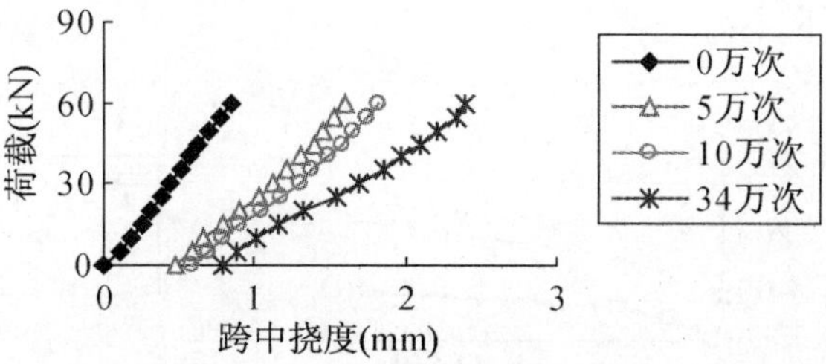

图5.6　冻融作用的粘贴钢板加固梁FBS1的荷载-挠度曲线

图 5.7 是有冻融循环作用的粘贴钢板加固梁 FBS2 在相应循环次数下的荷载—挠度曲线图。比较分析图 5.6 和图 5.7 中曲线分布可以得出，在较大的疲劳荷载水平下，冻融循环作用的粘贴钢板加固梁很快就接近疲劳破坏阶段，加固梁刚度衰减显著；在荷载水平较低情况下，冻融循环作用的粘贴钢板加固梁刚度衰减有明显的疲劳损伤稳定发展阶段。

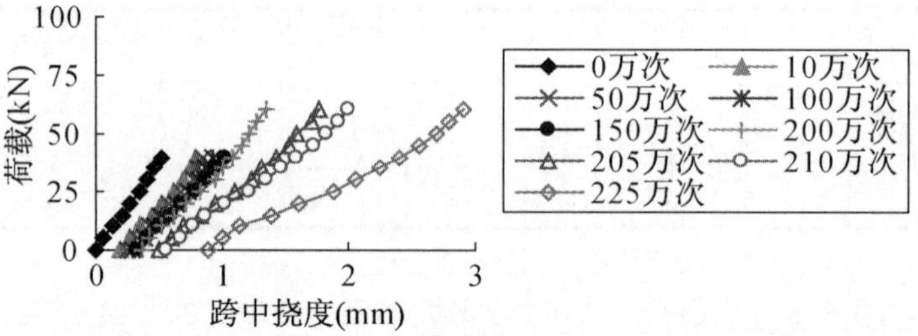

图 5.7　冻融作用的粘贴钢板加固梁 FBS2 的荷载—挠度曲线

5.5　钢筋应变

图 5.8 为冻融循环作用的粘贴钢板加固梁 FBS1 纵向受拉钢筋应变随疲劳循环次数的发展变化曲线。从图 5.8 中曲线可以看出，随着疲劳循环次数增加，加固梁 FBS1 的钢筋应变一直呈增加趋势，没有明显的疲劳损伤稳定发展阶段。

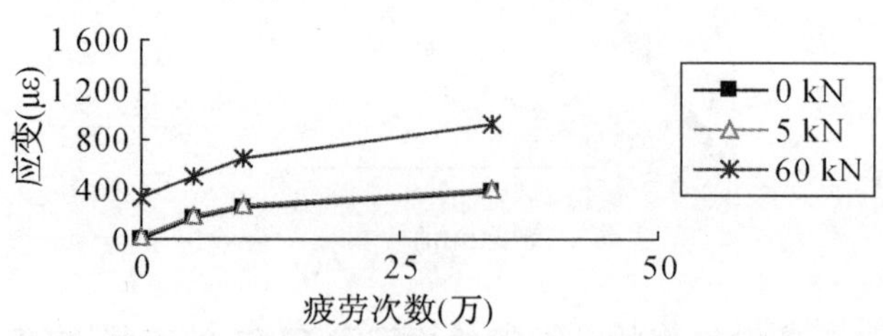

图 5.8　冻融作用的加固梁 FBS1 的钢筋应变随疲劳循环次数分布

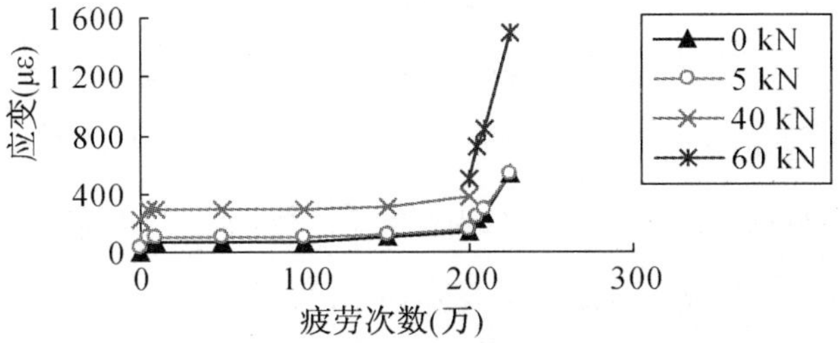

图 5.9　冻融作用的加固梁 FBS2 的钢筋应变随疲劳循环次数分布

图 5.9 为有冻融循环作用的粘贴钢板加固梁 FBS2 纵向受拉钢筋应变随疲劳循环次数的发展变化曲线。比较分析图 5.8 和图 5.9 中曲线分布可以得出，在较大的疲劳荷载水平下，冻融循环作用的粘贴钢板加固梁很快就接近疲劳破坏阶段，纵向受拉钢筋应变增加较快；在荷载水平较低情况下，冻融循环作用的粘贴钢板加固梁纵向受拉钢筋应变增加有明显的疲劳损伤稳定发展阶段。

5.6　钢板应变结果

图 5.10 为冻融循环作用的粘贴钢板加固梁 FBS1 和 FBS2 在梁底跨中钢板应变随疲劳循环次数增加的发展变化曲线，钢板应变由图2.4 中的测点 8 测出。

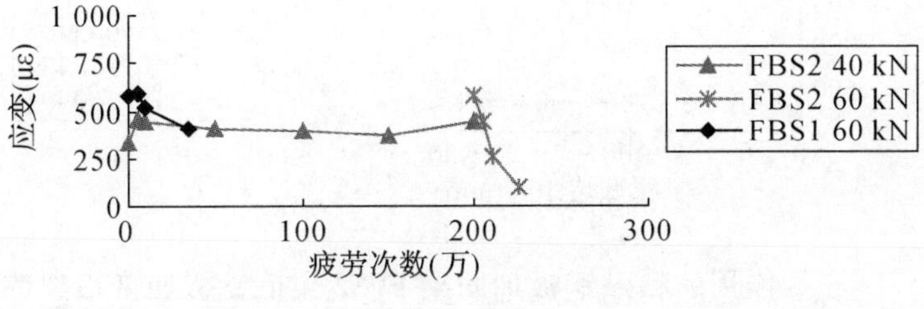

图 5.10　冻融作用的粘贴钢板加固梁跨中钢板应变随疲劳循环次数分布

图5.10中曲线分布显示，随着疲劳循环次数增加，加固梁 FBS1 的钢板应变一直呈下降的趋势，因加固梁 FBS1 的疲劳荷载上限大，所以梁的钢板应变变化的稳定发展阶段不明显。而加固梁 FBS2 的钢板应变随疲劳荷载循环次数的增加，出现了初期较快增长，而后增长减慢并趋于稳定，当增加疲劳荷载上限值后，随着疲劳循环次数增加，钢板应变一直处于下降趋势，这是因为钢板端部部分黏结失效影响其发挥作用。

图 5.11 和图 5.12 为有冻融循环作用的粘贴钢板加固梁 FBS1 和梁 FBS2 的钢板应变沿梁底纵向分布图。图 5.11 和 5.12 中曲线分布显示，随着疲劳循环次数增加，梁底受弯区钢板应变先增大后减小，减小的主要是由钢板端部与梁底混凝土的部分黏结失效引起的。图 5.11 和 5.12 中曲线分布还显示，钢板端部应变随着疲劳循环次数增加而增加，这主要是因为钢板端部黏结失效后端部锚栓的锚固作用引起的应力集中。

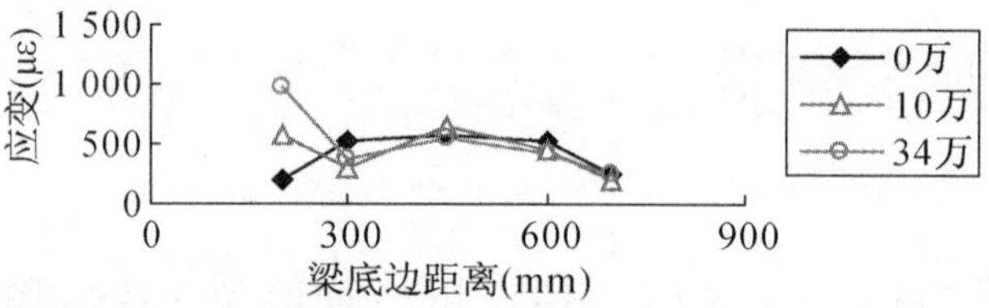

图 5.11　冻融作用的粘贴钢板加固梁 FBS1 梁底钢板应变沿梁底分布

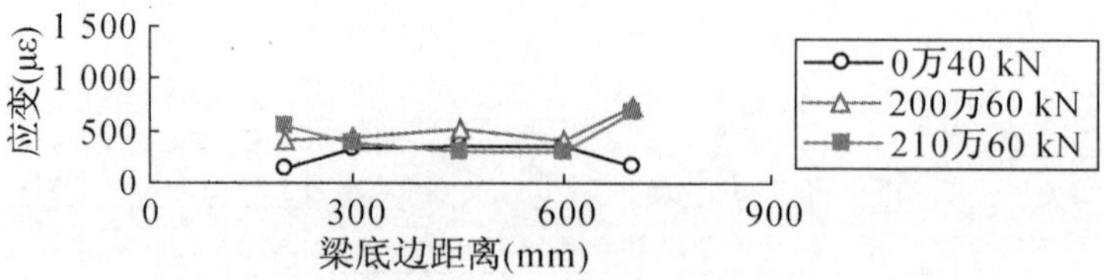

图 5.12　冻融作用的粘贴钢板加固梁 FBS2 梁底钢板应变沿梁底分布

5.7　冻融循环作用的粘贴加固混凝土梁疲劳性能比较分析

1）刚度

图 5.13 为冻融循环作用的粘贴 CFRP 片材加固梁 FBC1 和 FBC2 以及冻融循环作用的粘贴钢板加固梁 FBS2，在 200 万次相同疲劳加载后的荷载—挠度曲线。加固梁 FBC1、FBC2 和加固梁 FBS2 承受疲劳荷载相同，所以比较分析图 5.13 中曲线斜率分布可以得出，经过相同冻融循环作用次数和相同疲劳循环次数后，粘贴钢板加固混凝土梁的刚度比粘贴 CFRP 片材加固混凝土梁的刚度大。

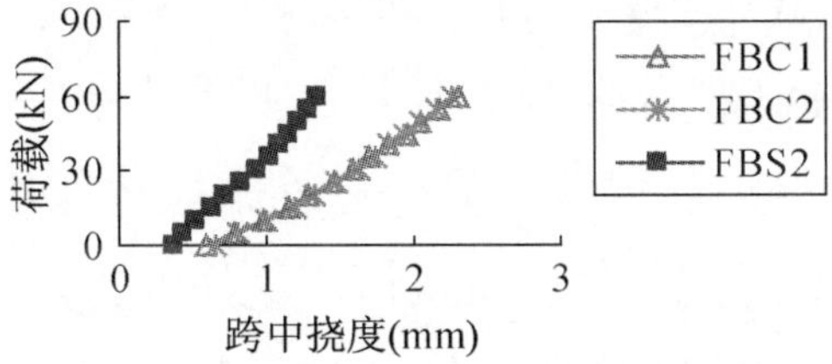

图 5.13　冻融作用和疲劳循环 200 万次后的粘贴加固混凝土梁荷载—挠度曲线

2）CFRP 片材/钢板应力

图 5.14 是冻融循环作用的粘贴钢板加固梁 FBS2 跨中梁底钢板应力，以及冻融循环作用的粘贴 CFRP 片材加固梁 FBC1 和 FBC2 的跨中梁底 CFRP 片材的应力随疲劳加载循环次数的变化情况。由图 5.14 中应力分布可以得出，经相同次数冻融循环作用和相同疲劳循环次数后，CFRP 片材应力比钢板应力大得多，而且 CFRP 片材应力随疲劳循环次

数增加一直呈增加趋势，而钢板应力在疲劳加载后期是呈下降趋势，也说明本次试验中粘贴钢板加固效果不太好，这主要是因为疲劳加载后期钢板端部与混凝土黏结失效影响钢板发挥协同受力的作用。

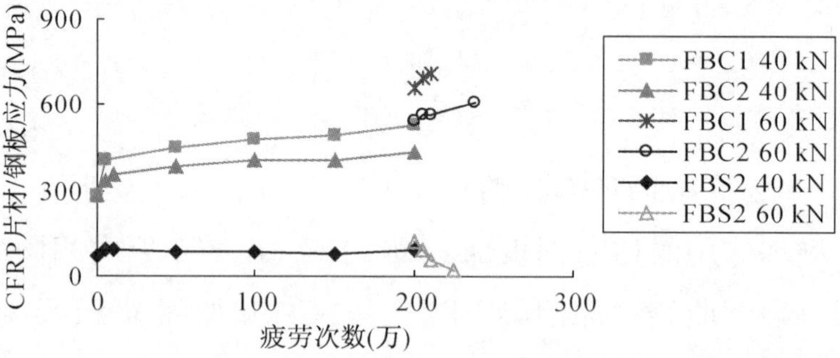

图 5.14　粘贴加固混凝土梁跨中梁底 CFRP /钢板应力比较

3）*疲劳破坏*

本次试验中粘贴 CFRP 片材加固已受冻融循环作用的钢筋混凝土梁的疲劳破坏为剥离破坏，原因在本书第 4 章已分析，在此不再赘述。

粘贴 CFRP 片材加固混凝土梁经过冻融循环作用后，其疲劳破坏为开始于最大宽度弯曲裂缝处的主筋断裂，这是因为加固梁在 CFRP 片材两端设置 U 形箍，且粘贴效果好，U 形箍也增强了梁的抗剪承载力，加固梁的正截面受力相对较不利，所以在最大宽度弯曲裂缝处发生主筋断裂。

粘贴钢板加固混凝土梁经过冻融循环作用后，其疲劳破坏为开始于钢板端部黏结失效，最终在最大宽度斜裂缝处的主筋断裂，这是因为粘贴钢板加固梁的加固钢板两端虽然设置 U 形箍和锚栓锚固，但锚固效果不太理想，在疲劳加载过程中钢板端部发生了黏结失效，主筋最大应力在靠近钢板端部截面，所以在最大宽度斜裂缝处发生主筋断裂。

第 6 章　粘贴加固混凝土梁损伤分析与疲劳分析

本章介绍基于损伤分析和数值模拟的粘贴加固混凝土梁疲劳寿命估算方法。损伤分析主要包括冻融损伤分析和疲劳损伤分析。①冻融损伤分析主要是在混凝土冻融损伤理论背景基础上，选择合适的损伤本构模型对冻融循环 50 次后的混凝土弹性模量和应力应变曲线进行分析，提供有限元分析参数；②疲劳损伤分析主要是选择合适的混凝土和钢筋的损伤理论，建立钢筋和混凝土的剩余强度模型，并对一定疲劳循环次数后的混凝土和钢筋的损伤以及剩余强度进行估算，根据估算结果得到数值模型的材料参数，这样就可以对一定疲劳加载次数后有冻融循环作用的粘贴加固混凝土梁进行数值模拟分析。为了估算钢筋的疲劳损伤，本书在已有粘贴加固混凝土梁的疲劳试验结果基础上，回归得到钢筋的 S-N 曲线方程。

数值模拟主要是，对在一定次数的疲劳加载下的有冻融循环作用的粘贴加固混凝土梁进行非线性空间有限元分析，得到梁受力最不利截面的受拉主筋应力幅，估算主筋疲劳断裂时的疲劳循环次数，即疲劳寿命。

6.1　混凝土冻融损伤理论背景

损伤是指在外荷载和环境作用下，由于细观结构层次的微缺陷发展引起的材料或结构的劣化过程。损伤理论是以连续介质力学和热力学为基础，把物体存在的微缺陷理解为连续的变量场(损伤场)，把损伤过程视为满足热力学定理的能量耗散过程，用连续力学的唯象学方法和概念研究微缺陷的发展及其对材料性质的影响，着重考察损伤对材料宏观力学性质的影响和材料及结构损伤演化的过程和规律。

很多学者认为，损伤理论比较适合混凝土的研究，因为混凝土的损伤过程(开裂过程)可以看作是连续的，并且在很小的应力应变下就已发生；裂缝的扩展方向几乎和最大主应力方向垂直；外界作用以前存在的缺陷可以作为初始损伤处理。

混凝土是一种非均匀的多相介质复合结构，是由硬化的水泥砂浆、粗骨料和细骨料的混合而成的，与金属等均质材料有着截然不同的内在结构和力学性质。混凝土在浇筑成型工程中，由于其水化热和质量不均匀等原因，不可避免地存在着毛细孔、空隙及裂隙等初始缺陷，在外荷载或变温等因素作用下，这些缺陷部位将产生高度应力集中，并逐渐扩展，在混凝土内形成微裂纹。混凝土内水泥砂浆与粗骨料的结合界面较薄弱，在外界因素作用下，将脱开而形成界面裂隙，并发展成微裂纹。在外界因素的进一步作用下，这些微裂纹将扩展、分叉、贯通而形成宏观裂缝，同时宏观裂缝的端部又因为应力集中而出现新的裂纹，甚至出现微裂纹区，这又将发展成新的宏观裂缝或体现为原有宏观裂缝的扩展。如此反复交替，宏观裂缝必将沿着一条最薄弱路径逐渐扩展，从而影响混凝土的力学性能，最终可使混凝土完全断开而破坏。

混凝土中的原缺陷是一种异化的微结构，它的力学性能与正常的微结构相比，一般呈劣化态势，这种原生缺陷就是一种损伤。在外界因素作用下，混凝土中界面裂隙的出现，也将引起该处力学性能的劣化，也是一种损伤。原生缺陷或界面裂隙发展成微裂纹或宏观裂缝，则可以看作是累积损伤的结果，从而引起混凝土的损伤—断裂破坏。实际上由于混凝土中不可避免地存在初始损伤，在外界因素作用下，损伤有所发展，并进一步产生新的损伤，当损伤积累到一定程度时，混凝土中将出现宏观裂缝，而宏观裂缝的端部又将产生新的损伤积累，再次引起裂缝扩展。由此可见，混凝土破坏过程实际上是损伤、损伤积累、产生宏观裂缝、宏观裂缝扩展交织发展的过程。因此，混凝土结构的应力应当考虑损伤及损伤积累，可选择损伤量作为材料破坏参量，根据损伤累积值判断材料是否破坏。

混凝土损伤本构关系是指在研究混凝土受力与变形关系的过程中引入损伤的概念，以损伤变量的形式反应混凝土在外部因素作用下内部初始缺陷的发展及其对混凝土应力—应变关系的影响。这样，混凝土本构关系问题就转化为损伤力学中损伤的演化和发展问题。混凝土材料的损伤和演变是指它在服役过程中，由于内部大量的微损伤的萌生、扩展和连续，导致混凝土宏观力学性能的劣化过程。当已知加载历史、材料的损伤本构关系以及损伤演化规律，就可以从中了解宏观破坏出现以及应力、应变发展的全过程，从而可以形成用损伤力学进行结构设计、强度校核和结构寿命预测的方法。混凝土损伤力学的研究，从反映混凝上材料损伤特征的完备性方面，可以分为确定性损伤力学模型和随机性损伤力学模型。

用损伤力学的方法研究混凝土材料的本构关系，始于上世纪 80 年代，至今已提出不少计算模型，包括早期混凝土简单受力状态下的混凝土弹性各向同性损伤模型，复杂应力状态下的弹塑性各向异性损伤模型，以及综合损伤与断裂力学研究成果的混凝土损伤—塑性断裂模型。下面仅介绍几种有代表性的混凝土损伤本构模型(确定性损伤力学模型)[73-79]。

(1) Loland 损伤模型

该模型为单轴拉伸模型。假设材料为单向各向同性，损伤也是各向同性，认为当应变小于峰值应力的应变 ε_f 时，几乎在整个试件长度内都产生微开裂；当应变大于 ε_f 时，主要在破坏区内开裂。定义净弹性模量为

$$E_n = \frac{E}{1-D_0} \tag{6.1}$$

式中：D_0 为加载时刻混凝土上的初始损伤，为一标量。根据有效应力和应变的关系，对应力应变曲线进行拟合，得到损伤方程

$$\begin{cases} D(\varepsilon)=D_0+C_1\varepsilon^{\beta} & (0\leqslant\varepsilon\leqslant\varepsilon_f) \\ D(\varepsilon)=D_f+C_2(\varepsilon-\varepsilon_f) & (\varepsilon_f\leqslant\varepsilon\leqslant\varepsilon_u) \end{cases} \tag{6.2}$$

式中　D_f ——应变 ε_f 时的损伤；

ε_u ——极限应变；

C_1、C_2、β ——常数，可由边界条件确定。

这一模型的优点在于模型简单，且在达到峰值应力前与试验结果大致相符。但由于假设峰值应力后的有效应力为常数，导致该段应力应变为线性关系，显然是一种近似描述。

（2）Mazars 损伤模型

该模型认为在峰值应力前，应力应变关系为线性，材料无损伤或初始损伤不扩展，应力达到峰值应力后，可用下式描述

$$\begin{cases} \sigma=\varepsilon E_0 & (\varepsilon\leqslant\varepsilon_f) \\ \sigma=\varepsilon E_0(1-D_T) & (\varepsilon>\varepsilon_f) \end{cases} \tag{6.3}$$

其中

$$\begin{cases} D_T=0 & (\varepsilon\leqslant\varepsilon_f) \\ D_T=1-\dfrac{\varepsilon_f(1-A_T)}{\varepsilon}\dfrac{A_T}{\exp[B_T(\varepsilon-\varepsilon_f)]} & (\varepsilon>\varepsilon_f) \end{cases} \tag{6.4}$$

式中　E_0——材料无损时的弹性模量；

A_T、B_T——拉伸时的材料参数，由试验确定。

其他还有类似的损伤模型[80-81]，如分段线性损伤模型、分段曲线损伤模型等，基本思路与以上两种模型基本类似，认为在不同的应力应变阶段，损伤按一定的规律变化，然后通过试验数据的拟合，得出损伤演化方程。

（3） Sidoroff 损伤模型

研究表明，混凝土受到外界作用之前由于内部微缺陷导致的初始损伤是各向同性的，而且从宏观平均的角度看混凝土的力学性质也是各向同性的。但是，随着受到环境和外荷载的作用后，变形的累积和局部的应力集中引起的损伤的演化是各向异性的。已有的各向同性损伤模型在复杂应力情况下均存在较大误差。因此，学者们又提出了一些各向异性损伤模型，如 Sidoroff 损伤模型。

Sidoroff 能量等价原理指出：如果用有效张量代替柯西应力张量，受损伤的弹性余能与无损材料的弹性余能在形式上相同。Sidoroff 还提出损伤面概念，认为损伤是在损伤阀值面 $P(Y)=0$ 上发生的，Y 为损伤能量释放率。在能量等价原理的基础上，可以得到损伤量与弹性变形耦合的各向异性的脆弹性损伤方程为

$$E_n = \frac{E}{1-D_0} \tag{6.5}$$

$$\varepsilon = \frac{1+\gamma}{E}\sigma\,(1-D)^{-2} - \frac{\gamma}{E}(1-D)^{-1}\mathrm{tr}[\sigma\,(1-D)^{-1}] \tag{6.6}$$

$$\gamma = \frac{1+\gamma}{E}\sigma^2\,(1-D)^{-3} - \frac{\gamma}{E}\sigma\,(1-D)^2\mathrm{tr}[\sigma\,(1-D)^{-1}] \tag{6.7}$$

对于混凝土单轴拉伸情况，设在峰值应力前损伤 $D=0$，$\varepsilon_0 = \sqrt{\dfrac{Y_0}{E}}$，

Y_0 为材料常数，可取弹性应变值 ε_0 时的 Y，再设 $D_2 = D_3 = 0$，可得损伤本构方程为

$$\begin{cases} \sigma = E\varepsilon & D = 0 & (\varepsilon \leqslant \varepsilon_0) \\ \sigma = E\varepsilon\ (1-D)^2 = E\varepsilon_0 \left(\dfrac{\varepsilon_0}{\varepsilon}\right)^3 & D = 1 - \left(\dfrac{\varepsilon_0}{\varepsilon}\right)^2 & (\varepsilon > \varepsilon_0) \end{cases} \tag{6.8}$$

该模型有其可信的理论基础，但应力峰值前的零损伤假设与实际情况不符。由于在该模型中损伤阀值在 Y 空间是常量，故又称为理想损伤模型，类似于理想塑性模型的概念。

混凝土在饱和水状态下因冻融循环产生的破坏作用称为冻融破坏，冻融破坏的特征是：开始出现破坏时，在混凝土表面出现粒径 2～3 mm 的小片剥落，随着服务年限的增加，剥落量及剥落粒径增大，剥落由表及里。剥蚀一经开始，发展速度是很快的。根据环境温度、钢筋混凝土受力状态、保护层厚度、结构尺寸的不同，冻融破坏对结构安全的影响程度也大不相同。

混凝土冻融破坏的原因是：混凝土内的水分可分为化合水、结晶水和吸附水，前两者对冻融破坏无影响。吸附水又可分为毛细管水和凝胶水，毛细管是水泥水化后未被水化物质填充的孔隙，毛细管水是指凝胶体外部毛细孔中所含的水，当其含水率超过某一临界值时，水结冰体积膨胀 9%向邻近的气孔排出多余的水分时，产生很大的压力。当压力超过混凝土能承受的强度时，使混凝土内部孔隙及微裂缝逐渐增大扩展，并互相连通，强度逐渐降低，混凝土表面剥落，造成混凝土破坏。

混凝土处于饱水状态和冻融循环交替作用是发生混凝土冻融破坏的必要条件，水在混凝土毛细孔中结冰造成的冻胀开裂使混凝土的弹性模量、力学性能严重下降，可看到裂缝和剥蚀，危害结构物的安全性。一般认为，混凝土的冻融破坏是一个物理作用过程。1945 年，Powers 提出了混凝土冻融破坏的静水压假说，此后又与 Helmuth 一起提出了渗透

压假说。这两个假说合在一起，较为成功地解释了混凝土冻融破坏的机理，奠定了混凝土抗冻性研究的理论基础[6][82]。

（1）静水压假说

混凝土是水泥浆体、粗细骨料和水的混合物，硬化混凝土中的孔隙有凝胶孔、毛细孔、空气泡等。各种孔隙之间的孔径差异很大，凝胶孔的孔径为 15～10 A，毛细孔孔径一般在 0.01～10 μm 之间，而且往往相互连通，空气泡是混凝土搅拌和振捣时自然吸入或掺加引气剂人为引入的，且一般呈封闭的球状。混凝土在水中时，毛细孔处于饱和状态，而空气泡内壁虽也吸附水分，但常压下很难达到饱和。

由于孔隙表面张力的作用，不同孔径的孔内水的饱和蒸气压和冰点不同，孔径越小，孔内水的饱和蒸气压越小，冰点越低。当环境降低到－1～－1.9℃时，毛细孔中的水都能结冰，而凝胶孔中的水分子物理吸附于水泥浆固体表面，估计在－78℃以上不会结冰。因此，凝胶孔水实际是不可能结冰的，对混凝土抗冻性有害的孔隙只是毛细孔。

水转变为冰时体积膨胀 9%，迫使未结冰的孔溶液从结冰区向外迁移，因而产生静水压力。显然，静水压力随孔隙水流长度的增加而增加，因此存在一个极限流程长度，如果孔隙水的流程长度大于该极限长度，则静水压力将超过混凝土的抗拉强度，从而造成混凝土的破坏。

（2）渗透压假说

静水压假说成功地解释了混凝土冻融过程中的很多现象，如引气剂的作用、结冰速度对抗冻的影响等，但却不能解释另外一些重要现象，如混凝土不仅被水的结冰所破坏，还会被一些冻结过程中体积并不膨胀的有机液体如苯、三氯甲烷的冻结所破坏；非引气浆体当温度保持不变时，出现连续的膨胀，引气浆体在冻结过程中的收缩等。为此，Power 和 Helmuth 提出了渗透压假说，从另外一方面解释了混凝土的冻害机理。

渗透压假说认为，由于混凝土孔溶液含有 Na^{+}、K^{+}、Ca^{2+} 等盐类，大孔中的部分溶液先结冰后，未冻溶液中的盐的浓度上升，与周围较小空隙中的溶液之间形成浓度差。这个浓度差的存在使小孔中的溶液向已部分冻结的大孔迁移。即使是浓度为 0 的孔溶液，由于冰的饱和蒸气压低于同温下水的饱和蒸气压，小孔中的溶液也要向已部分冻结的大孔溶液迁移。可见，渗透压是孔溶液的盐浓度差和冰水饱和蒸气压差共同形成的。

静水压和渗透压目前既不能由试验测定，也很难用物理化学公式准确计算。对静水压和渗透压何者是冻融破坏的主要因素，很多学者有不同的见解。Powers 本人后来偏向渗透压假说，而 Fagerlund、Pigeon 等人的研究结果却从不同侧面支持了静水压假说。一般认为[82]：水灰比大、强度较低及龄期较短、水化程度较小的混凝土，静水压力破坏是主要的；而对水灰比较小、强度较高及含盐量大的环境下冻结的混凝土，渗透压可能起主要作用。

混凝土的冻融损伤是由混凝土孔溶液冻结，在混凝土内部产生内应力直接作用于孔结构产生的[65]，导致混凝土内部产生不可逆的微裂纹损伤，在冻融循环作用下，内应力反复作用于混凝土，使得混凝土内的微裂纹损伤不断累积、扩展。描述混凝土冻融破坏机理的两个假说，静水压假说和渗透压假说均认为混凝土孔结构内的液相压力是冻害产生的主要原因，而液相压力是各向同性的。Powers 采用水泥石结构模型研究混凝土冻融破坏，在各向同性液相压力作用下水泥石结构发生各向同性损伤。宏观上认为混凝土可以作为各向同性连续体的尺度是100 mm，Powers 的水泥石结构的尺度在 1 mm 左右，因此认为采用的 100 mm 试件及其他文献研究冻融破坏采用的 100 mm 混凝土试件均可看作发生各向同性冻融损伤。从微裂纹角度看，作用于混凝土内部液相压力导致混凝土内部裂纹张开是 I 形开裂，可近似认为混凝土冻融损伤是弹性损伤。

由于混凝土冻融破坏的复杂性，20 世纪 80 年代后期，才见到有关混凝土抗冻性预测模型的研究报道，如 1988 年，Bazan 提出了一个预测混凝土抗冻性的理论数学模型，模拟混凝土的吸水过程、孔隙水在毛细孔和空气泡中的迁移过程，计算孔溶液结冰释放热量时混凝土内的温度分布及混凝土固相中的应力分布。该模型对混凝土冻融循环中的多个物理过程的数学方程建立了模型，但必须借助于计算机和有限元法求解数学方程，并有大量参数需要各种新型试验来测定，远没有达到实际应用的目的。我国学者也作了相关的研究，建立了混凝土抗冻性的预测模型，如蔡昊模型[83]。

蔡昊以 Powers 静水压假说为基础，推导得到毛细孔壁静水压力的计算公式，并以混凝土单向受拉时破坏近似模拟静水压作用下的混凝土内部损伤发展，经对 Loland 混凝土单向受拉损伤演化过程作修正，得到预测混凝土抗冻性的损伤模型。

蔡昊认为虽然静水压是各项均匀的内压力，而单向拉伸是单向外部拉力，两者作用方式不同，对材料造成的破坏也不同，但对混凝土材料而言，这两种作用又是相似的，混凝土是一种不均匀的脆性材料，在三向均匀应力作用下，最终破坏总是发生在最薄弱截面，与单向拉伸破坏相似，因此，可用单向拉伸近似模拟混凝土在内部静水压作用下的情况。

蔡昊将 Loland 混凝土单向受拉损伤演化模型进行了修正，因为混凝土的冻害受损一般在内部均匀产生，不产生单向受拉一样的损伤局部化和主裂缝，因此将 Loland 模型中损伤局部化的部分去除，修正后的 Loland 模型如下

$$D = D_0 + C\varepsilon^{\beta} \tag{6.9}$$

$$\beta = \frac{\lambda - \dfrac{E_t}{E_0}}{1 - D_0 - \lambda},\ C = \frac{1 - D_0 - \lambda}{\varepsilon_t^{\beta}},\ \lambda = \frac{\sigma_t}{E_0 \varepsilon_t},\ \sigma_t = \sigma|_{\varepsilon=\varepsilon_t}$$

式中　D_0 ——加载时刻混凝土的初始损伤；

ε_t ——混凝土在发生损伤局部化之前的最大应变，对普通混凝

土，ε_t 可取应力为抗拉强度 80%时的应变；对高强混凝土，ε_t 取为抗拉强度 90%时应变；

E_0、E_t——分别为混凝土的初始弹性模量和应变为 ε_t 时的切线模量。

C——常数，由边界条件确定。

经推导，经 N 次冻融循环后混凝土的损伤为

$$D=1-\left[(1-D_0)^{\beta+1}-\frac{C(\beta+1)\sigma_{\max}^{\beta}}{E_0^{\beta}}N\right]^{\frac{1}{\beta+1}} \tag{6.10}$$

式中：$\sigma_{\max}$ 为一个冻融循环内，由混凝土孔溶液冻结产生的最大静水压力；其余符号意义同式(6.9)，E_0、E_t、ε_t、σ_t 为材料参数。

蔡昊模型是理论模型，还有学者建立了混凝土抗冻经验模型，经验模型建立在大量试验数据基础上，以含气量和水灰比为主要参数，再适当考虑骨料、混合材参量等因素的影响，通过试验数据的回归分析，建立宏观数学模型。

6.2 粘贴加固混凝土梁混凝土冻融损伤分析

6.2.1 冻融循环作用后混凝土弹性模量衰减规律

本书试验结果和已有研究成果[84-87]都表明随着冻融循环作用次数的增加，混凝土的弹性模量逐渐下降。

从微裂纹的角度看，混凝土在冻融循环作用下承受各向同性的液相压力，其损伤发展演化的规律可近似用混凝土单轴拉伸的损伤过程进行模拟。

蔡昊模型是采用单向拉伸近似模拟混凝土在内部静水压作用下的情况，本书采用蔡昊模型，即修正的 Loland 混凝土损伤模型，来描述混凝土弹性模量在冻融循环作用下的演化规律。

文献[83]修正了 Loland 混凝土损伤模型，用式(6.10)描述了混凝土弹性模量在冻融循环作用下的演化规律。在式(6.10)中，如果不考虑初始损伤，即 $N=0$ 时，$D_0=0$，那么由式(6.10)可得

$$1-D=\left[1-\frac{C(\beta+1)\sigma_{\max}^{\beta}}{E_0^{\beta}}N\right]^{\frac{1}{\beta+1}} \tag{6.11}$$

以混凝土弹性模量描述的损伤变量 $1-D=\frac{\bar{E}}{E_0}$，E_0 为初始弹性模量，$\bar{E}$ 为损伤状态下弹性模量，可得到

$$\bar{E}=E_0\left[1-\frac{C(\beta+1)\sigma_{\max}^{\beta}}{E_0^{\beta}}N\right]^{\frac{1}{\beta+1}} \tag{6.12}$$

式中　β——材料参数；

$\sigma_{\max}$——混凝土在一个冻融循环作用内所承受的最大平均静水压力；

N——冻融循环作用次数。

把式(6.12)简化可得到弹性模量随着冻融循环作用次数的演化方程

$$\bar{E}=E_0\left[1-pN\right]^k \tag{6.13}$$

式中：p 和 k 为宏观材料参数，可由试验确定。文献[88]和[89]都得出混凝土弹性模量与冻融循环次数近似为线性关系，因而由试验相对动弹性模量结果代入上式计算得到 $k=1$，$p=0.001\,76$。

6.2.2　冻融循环作用后混凝土应力—应变曲线方程

本书采用清华大学[90]提出的两段式的单轴应力—应变全曲线表示

混凝土在遭受冻融循环作用后的应力—应变曲线方程，即

$$\begin{cases} y = ax + (3-2a)x^2 + (a-2)x^3 & x < 1 \\ y = \dfrac{x}{\alpha\ (x-1)^2 + x} & x \geqslant 1 \end{cases} \tag{6.14}$$

其中：$y=\dfrac{\sigma}{\sigma_c}$，$x=\dfrac{\varepsilon}{\varepsilon_c}$，$\sigma_c$、$\varepsilon_c$ 为峰值应力和相应的应变，a 为混凝土初始弹性模量与峰值割线模量的比值，是经验系数。对于未冻融混凝土，本书取用 $a=1.7$，$\alpha=0.8$[91]；冻融后混凝土取用 $a=2.578$，$\alpha=0.8$。本书的冻融循环作用后混凝土应力—应变曲线如图 6.1 所示。

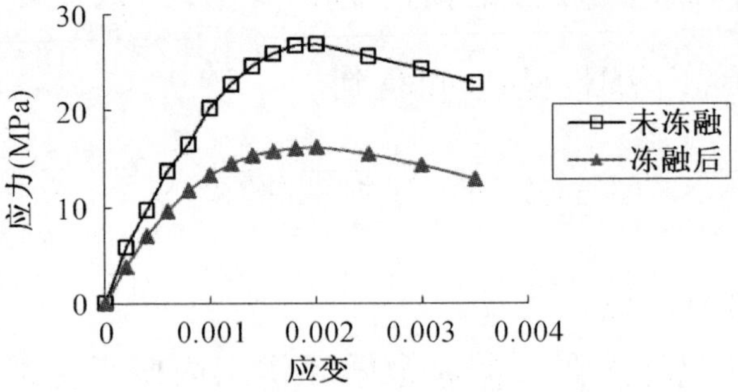

图 6.1　混凝土应力—应变曲线

6.3　粘贴加固混凝土梁疲劳损伤分析

6.3.1　材料的剩余强度模型

疲劳过程可以看作是在循环荷载作用下材料性能不断退化的过程，即混凝土、钢筋在疲劳荷载作用下剩余静载强度将随疲劳损伤累积而衰减，当剩余强度降低到疲劳上限应力时发生疲劳破坏。本节应用强度衰

减模型对一定疲劳次数后材料剩余强度作出估算，然后对有限元模型中材料参数进行修正，以便对一定疲劳循环次数后的梁再进行有限元计算分析。

（1）混凝土剩余强度衰减

疲劳荷载作用前混凝土的剩余强度为静载极限强度，当其强度因疲劳荷载作用衰减至疲劳荷载上限应力时，达到混凝土的疲劳寿命。根据热力学的观点，损伤是不可逆的，混凝土强度衰减方程必须满足热力学条件，即要求剩余强度为单调递减函数。朱劲松[92]根据 n 次常幅循环荷载作用后，混凝土的剩余强度 σ_r 与疲劳上限应力 σ_{max} 的关系式[93]是

$$\frac{d\sigma_r(n)}{dn} = -AB\sigma_{max}^{\frac{1}{A}}\sigma_r^{1-\frac{1}{A}}(n) \tag{6.15}$$

式中：A、B 为两个与应力无关的无量纲函数，通常认为它是与混凝土材料参数、疲劳荷载参数、加载频率等因素有关的常数。

在区间[0, n]内积分式(6.15)得

$$\sigma_r^{\frac{1}{A}} - \sigma_0^{\frac{1}{A}} = -B\sigma_{max}^{\frac{1}{A}}n \tag{6.16}$$

式中：σ_0 为初始静载强度。

式(6.16)即为剩余强度随加载周数的衰减方程，可以表示为

$$\sigma_0 = \sigma_{max}\left[\left(\frac{\sigma_r}{\sigma_{max}}\right)^{\frac{1}{A}} + Bn\right]^A \tag{6.17}$$

上式整理得

$$\sigma_r = \sigma_{max}\left[\left(\frac{\sigma_0}{\sigma_{max}}\right)^{\frac{1}{A}} - Bn\right]^A \tag{6.18}$$

常数 A、B 可以由混凝土疲劳特性的双对数形式的 S-N 曲线方程确定，设混凝土 S-N 曲线方程为

$$\lg S = a + b \lg N \tag{6.19}$$

式中 S——应力水平；

N——此应力水平下的疲劳寿命。

则

$$A = -b,\ B = 10\,\frac{a}{b} \tag{6.20}$$

本书采用的混凝土的 S-N 曲线在 6.3.2 节介绍。

（2）钢筋剩余强度衰减

Yao 等人[8]基于非线性累积损伤理论，提出一次循环加载造成的损伤 ΔD 正比于这次加载造成的剩余强度的下降，即

$$\Delta D = A[\sigma_r(n-1) - \sigma_r(n)] \tag{6.21}$$

其中：$\sigma_r(n-1)$ 和 $\sigma_r(n)$ 为疲劳加载 $n-1$ 次和 n 次的剩余强度；A 是比例常数，表示为

$$A = \frac{1}{\sigma_0 - \sigma_r(N)} = \frac{1}{\sigma_0 - \sigma_{max}} \tag{6.22}$$

式中：$\sigma_r(N)$ 为疲劳加载 N 次（疲劳寿命）时剩余强度，σ_{max} 为疲劳破坏时疲劳上限。

对于常幅加载，n 次循环造成的损伤 D 为

$$D(n) = \frac{\sigma_0 - \sigma_r(n)}{\sigma_0 - \sigma_{max}} \tag{6.23}$$

因而剩余强度表示为

$$\sigma_r(n) = \sigma_0 - (\sigma_0 - \sigma_{max}) \cdot D(n) \tag{6.24}$$

等幅载荷下，n 个循环造成的损伤 $D(n) = \left(\frac{n}{N}\right)^c$，指数 C 主要取决于材料内部损伤的发展规律。

由于指数 C 由大量钢筋的疲劳试验确定，取值困难，所以本书钢筋的剩余强度模型取用式(6.24)的模型，但式(6.24)中的损伤 $D(n)$ 取用叶笃毅[94]的基于材料韧性耗散分析的疲劳损伤模型。该模型认为钢筋韧性下降则是钢筋强度与塑性性能在疲劳损伤过程中劣化的综合表现，换句话说，材料力学参量在疲劳中的劣化行为可通过复合参量—韧性的变化(耗散)来综合描述。因此，文献[94]从材料韧性在循环载荷下的耗散规律出发来研究疲劳损伤的演化过程，用韧性表示的疲劳损伤为

$$D(n)=\frac{-\ln\left(1-\frac{n}{N}\right)}{\ln N} \tag{6.25}$$

式中：N 为材料疲劳寿命，可由钢筋的 S-N 曲线确定。

(3) 加固钢板/CFRP 片材剩余强度

考虑到实际加固钢板和 CFRP 片材在整个疲劳加载过程中应力与其强度相比都较小，所以忽略其疲劳损伤，数值计算中加固钢板/CFRP 片材的强度都取用静强度 σ_0。

6.3.2　材料的 *S-N* 曲线

(1) 混凝土的 S-N 曲线

石小平[95]通过室内混凝土梁弯曲试验，提出了考虑高低应力比 R 和失效概率 P 的混凝土双对数 S-N 曲线方程($P=0.05$ 时)

$$\lg S = \lg 0.961 - 0.0422(1-R)\lg N \tag{6.26}$$

式中　S——应力水平；

N——此应力水平下的疲劳寿命。

式(6.26)为本书取用的混凝土的 S-N 曲线方程。

(2) 钢筋的 S-N 曲线

在重复荷载作用下，钢筋的疲劳是由于裂纹的萌生和扩展的结果，当裂纹尖端的应力强度因子达到临界值时，钢筋就会断裂。

钢筋的疲劳强度与应力幅值、最大应力水平、钢筋外形、直径和强度等有关,其中应力幅值的影响最为重要。所以钢筋的疲劳 S-N 曲线均以应力幅作为疲劳参数。表 6.1 是目前较权威的钢筋的疲劳 S-N 曲线。自 1970 年代开始,国内的铁道部科学研究院[96]在这方面就开始做大量的试验及研究工作。铁科院在 1973 年对 16 锰普通低合金钢筋进行了疲劳试验,在 1996 年对直径为 16 mm 的 20 Mnsi 钢筋进行了疲劳试验,在 1998 年又对直径为 25 mm 的 A5 螺纹钢筋进行了疲劳试验,经过对后两次试验结果的回归分析,得到了可用于普通梁用变形钢筋的疲劳寿命评估方程式,列于表6.1中。

表 6.1 国内外变形钢筋疲劳 S-N 曲线[96]

编号	文献资料	S-N 曲线
1	英国规范 BS5400	$\lg N = 12.1815 - 3\lg\Delta\sigma\ (N < 10^7)$ $\lg N = 15.6358 - 5\lg\Delta\sigma\ (N \geqslant 10^7)$
2	日本土木工程师学会 JSCE	$\lg N = 16.83 - 5\lg\Delta\sigma\ (N < 10^6)$ $\lg N = 27.66 - 10\lg\Delta\sigma\ (N \geqslant 10^6)$
3	欧洲钢结构协 ECCS	$\lg N = 12.3010 - 3\lg\Delta\sigma\ (N < 5\times10^6)$ $\lg N = 16.0451 - 5\lg\Delta\sigma\ (N \geqslant 5\times10^6)$
4	美国混凝土协会 ACI	$\lg N = 6.969 -.00055\lg\Delta\sigma$
5	铁科院	$\lg N = 15.1348 - 4.3827\lg\Delta\sigma\ (N < 10^7)$ $\lg N = 18.8471 - 6.3827\lg\Delta\sigma\ (N \geqslant 10^7)$

钢筋的疲劳试验，可以直接在空气中进行，也可以埋在混凝土中进行，前者比较容易做，后者则更符合钢筋的实际受力情况，但两种试验

方法得到的疲劳强度对不同的钢筋会有所差异[97]。表 6.1 中钢筋疲劳试验基本都在空气中进行的。所以本书就检索到的已有的有关加固或未加固的钢筋混凝土梁或钢筋混凝土板的四点弯曲疲劳试验研究成果，将其中主筋为 HRB335 的热轧钢筋且以钢筋疲劳断裂为破坏特征的试验梁的钢筋应力幅和疲劳寿命的结果汇总于表 6.2。

表 6.2　钢筋混凝土梁(板)疲劳试验结果汇总

来源	编号		钢筋	混凝土 f_{cu} (MPa)	钢筋应力幅 $\Delta\sigma$ (MPa)	疲劳寿命 N (万)	$\lg\Delta\sigma$	$\lg N$	备注
庞林飞[98]	1	B1-a	Φ12.6	34.2	165.60	231.200 0	2.219	6.364	钢筋混凝土板
	2	B2-a			207.20	98.830 0	2.316	5.995	
江淼[99]	3	BD14-2	Φ14	30.56	155.91	311.500 0	2.193	6.493	CFRP 布加固板
	4	BD16-2	Φ16		212.22	29.400 0	2.327	5.468	
	5	BD14	Φ14		172.01	177.800 0	2.236	6.250	钢筋混凝土板
	6	BD16	Φ16		229.37	17.600 0	2.361	5.246	
张轲[100]	7	LS2F	Φ14	45.29	196.40	81.600 0	2.293	5.912	钢筋混凝土梁
	8	LPS2Fa		46.13	190.00	108.500 0	2.279	6.035	预应力 CFRP 片材加固梁
	9	LPS2Fb		64.95	202.60	62.000 0	2.307	5.792	
	10	LPS4Fa		66.10	147.00	138.000 0	2.167	6.140	
石启印[50]	11	B1a	Φ10	30.86	395.00	5.737 5	2.597	4.759	CFRP 片材加固梁
	12	B1b			387.00	7.532 8	2.588	4.877	
	13	B1c			251.00	12.881 5	2.400	5.110	
张建伟[101]	14	PSB1	Φ14	40.4	—	—	2.137	6.560	预应力 AFRP 布加固梁
	15	PSB2					2.228	6.494	
	16	PSB3					2.242	6.473	

对表 6.2 中钢筋混凝土梁或板中钢筋应力幅和疲劳寿命数据进行回归分析，得到本书钢筋的疲劳 S-N 曲线为

$$\lg N = 15.620\,4 - 4.227\,9\lg\Delta\sigma \tag{6.27}$$

式中 $\Delta\sigma$——钢筋应力幅；

N——此应力幅下的疲劳寿命。

图 6.2 是本书的钢筋疲劳 S-N 曲线图。

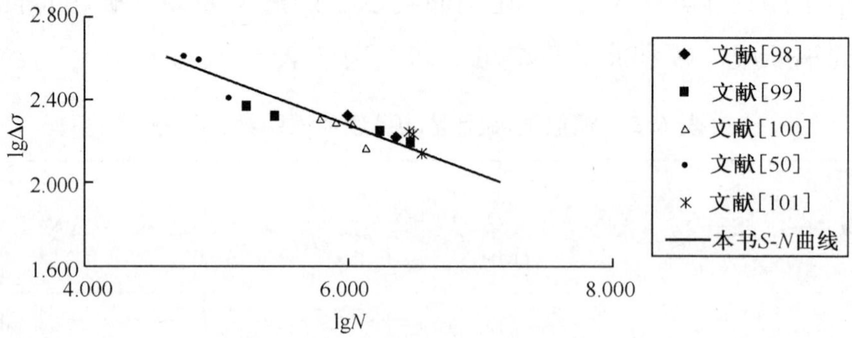

图 6.2 钢筋疲劳 *S-N* 曲线

6.4 冻融作用的粘贴加固混凝土梁数值模拟与疲劳分析

6.4.1 数值模型

现有商业软件的疲劳模块中的材料疲劳性能参数仅限于金属，此疲劳模块不能直接用于对混凝土梁进行疲劳分析，更不能直接用于有冻融损伤的混凝土梁的疲劳分析。

对经受冻融循环作用的粘贴加固混凝土梁，疲劳分析方法的步骤是：

（1）对冻融循环 50 次后的混凝土材料进行冻融损伤分析，得到冻融损伤后混凝土材料参数。

（2）根据材料力学性能试验结果及冻融损伤后混凝土材料参数，建立有冻融循环作用的粘贴加固混凝土梁疲劳上、下限荷载作用下的静力数值分析模型。

（3）根据此静力模型计算结果分别提取混凝土和钢筋的最大应力幅。

（4）选择合适的疲劳累积损伤理论建立钢筋和混凝土材料剩余强度模型。

（5）根据步骤(3)和(4)计算一定疲劳循环次数后的混凝土和钢筋的疲劳损伤和剩余强度,得到数值模型中的钢筋和混凝土的材料参数。

（6）对相应疲劳循环次数下的有冻融循坏作用的粘贴加固混凝土梁进行数值分析,并估算疲劳寿命。

本书采用非线性空间有限元模型对冻融循环作用后的粘贴加固混凝土梁进行数值模拟[102],模型中混凝土采用 SOLID65 单元,钢筋采用 PIPE20 单元,加固钢板/CFRP 片材采用 SHELL41 单元。混凝土使用 William-Warnke 5 参数破坏准则,钢筋、钢板取用理想弹塑性材料,钢板/CFRP 片材的应力—应变关系为线弹性关系。模型中不考虑钢筋与混凝土黏结滑移,加固钢板/CFRP 片材与混凝土黏结完好时,不考虑加固钢板/CFRP 片材与混凝土黏结滑移。当疲劳加载一定次数后,加固钢板/CFRP 片材与混凝土黏结失效或剥离时,考虑加固钢板/CFRP 片材与混凝土之间的滑移。

数值模型中材料参数包括:材料强度、弹性模量、应力—应变曲线等。在用有限元模型对经受冻融循环作用的粘贴加固混凝土梁进行模拟分析时,因冻融损伤和疲劳损伤对材料的力学性能有影响,因而模型中材料参数因损伤的不同而取值不同,即不同疲劳加载次数造成不同的损伤,材料参数取值不同。本书对模型材料参数取值包括:①粘贴加固混凝土梁冻融循环 50 次后混凝土冻融损伤后材料参数的取值;②疲劳加载一定次数后,一定疲劳损伤后的材料参数的取值。

（1）冻融损伤后混凝土材料参数的取值

考虑到冻融主要对混凝土材料的力学性能产生影响,所以数值模拟中只考虑冻融循环作用后的混凝土材料参数修正，未考虑冻融作用对钢筋、钢板和 CFRP 力学性能的影响。

冻融损伤后对混凝土材料参数修正包括：强度、弹性模量、应力—应变曲线方程。冻融循环作用后混凝土强度由混凝土试块直接测出；冻融循环作用后的混凝土弹性模量用混凝土冻融损伤演化方程(6.12)作出估算；基于冻融作用后的强度和弹性模量结果以及应力—应变曲线方程(6.13)，可以得到冻融作用后的混凝土的应力—应变曲线，冻融作用后的混凝土的应力—应变曲线如图 6.1 所示。

(2) 疲劳加载一定次数后的材料参数的取值

在疲劳加载前的静力分析有限元模型中，材料参数取于材料的力学性能试验和冻融损伤分析。

当疲劳加载一定次数后进行有限元分析时，试验梁材料性能的退化用修正有限元材料参数来实现。即应用上文中钢筋和混凝土材料的相应强度衰减模型，对一定疲劳次数后的材料剩余强度作出估算，然后对有限元模型中材料强度、弹性模量、应力—应变曲线进行修正。主要考虑混凝土和钢筋材料参数修正。

① 混凝土材料参数

比较式(6.26)和式(6.19)得 $a = \lg 0.961$，$b = -0.0422(1-R)$，再由式(6.20)确定常数 A 和 B，将常数 A 和 B 代入式(6.18)计算一定疲劳加载次数下的混凝土剩余强度，根据此剩余强度可以对数值模型中混凝土材料的弹性模量、应力—应变曲线等参数进行修正。

② 钢筋材料参数

当试验梁疲劳加载一定次数后，由式(6.27)估算出钢筋在此应力幅下的疲劳寿命，由式(6.25)计算得到一定疲劳加载次数后的钢筋材料的疲劳损伤，由式(6.24)计算钢筋的剩余强度，据此剩余强度对数值模型中钢筋材料弹性模量进行修正。

通过以上方法对一定疲劳加载次数后的钢筋和混凝土材料参数修正，就可以对相应疲劳加载次数下的试验梁进行数值分析。

③ 钢板/CFRP 片材的材料参数

考虑到加固钢板和 CFRP 片材在整个疲劳加载过程中应力都较小(与其强度相比)，所以忽略其疲劳损伤，在数值计算中钢板和 CFRP 片材强度都取用初始静强度 σ_0。

6.4.2　疲劳分析

(1) CFRP 片材/钢板应力

图 6.3 和图 6.4 是冻融循环作用的粘贴 CFRP 片材加固梁 FBC1 和 FBC2 梁底沿纵向 CFRP 片材应力的数值模型计算值与实测值的比较，图中曲线显示，相同疲劳加载次数的数值模型计算值与实测值吻合得较好。

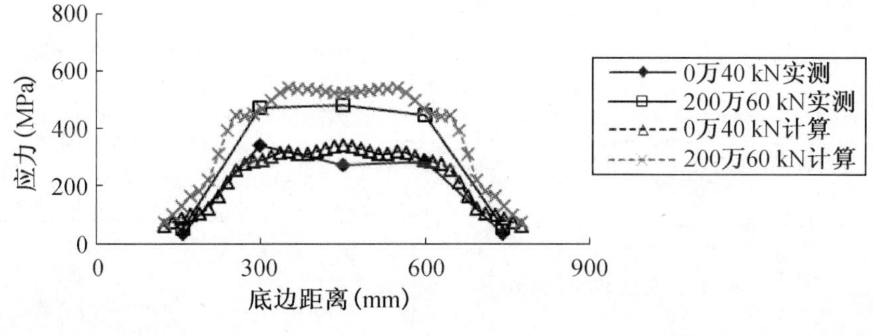

图 6.3　加固梁 FBC1 梁底沿纵向 CFRP 片材应力计算值与实测值比较

图 6.5 和图 6.6 是冻融循环作用的粘贴钢板加固梁 FBS1 和 FBS2 梁底沿纵向钢板应力的数值模型计算值与实测值的比较，图中曲线显示，相同疲劳加载次数的数值模型计算值与实测值吻合得较好。

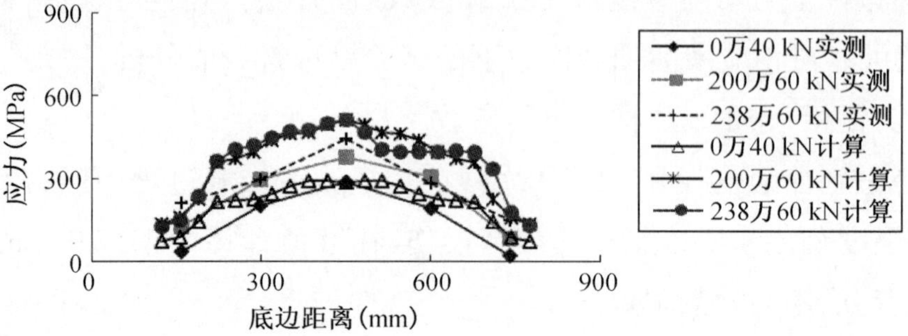

图 6.4　加固梁 FBC2 梁底沿纵向 CFRP 片材应力计算值与实测值比较

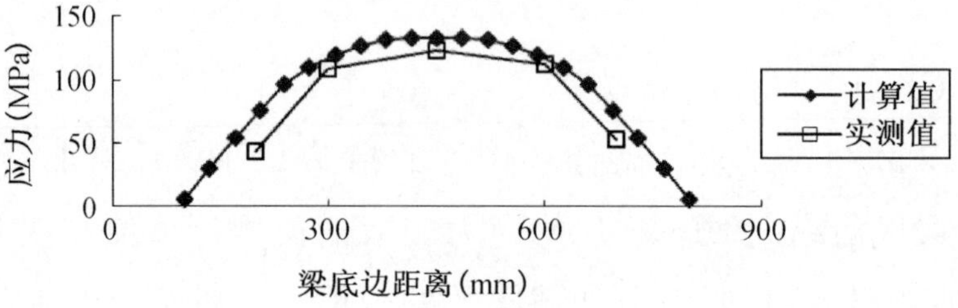

图 6.5　加固梁 FBS1 梁底沿纵向钢板应力计算值与实测值比较

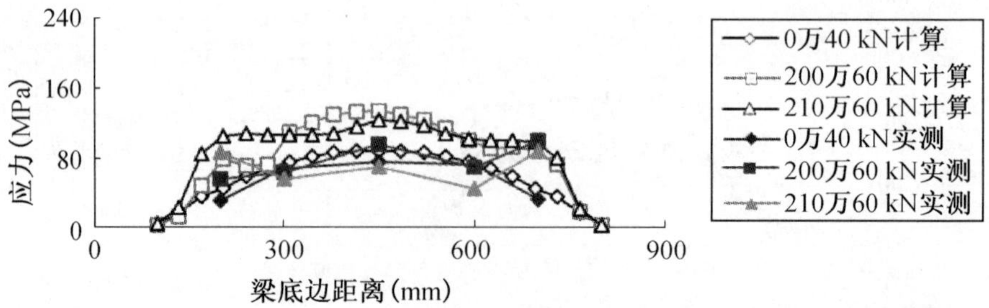

图 6.6　加固梁 FBS2 梁底沿纵向钢板应力计算值与实测值比较

(2) 钢筋应力及试验梁疲劳循环次数分析

图 6.7 为冻融循环作用的粘贴 CFRP 片材加固梁在不同疲劳加载次数后跨中受拉钢筋应力幅值数值模型计算值与实测值比较，图中曲线显示相同疲劳加载次数后，冻融循环作用的粘贴 CFRP 片材加固梁的受

拉主筋的应力幅值计算值与实测值吻合较好。钢筋应力实测值由图2.4中钢筋测点应变推算得到。

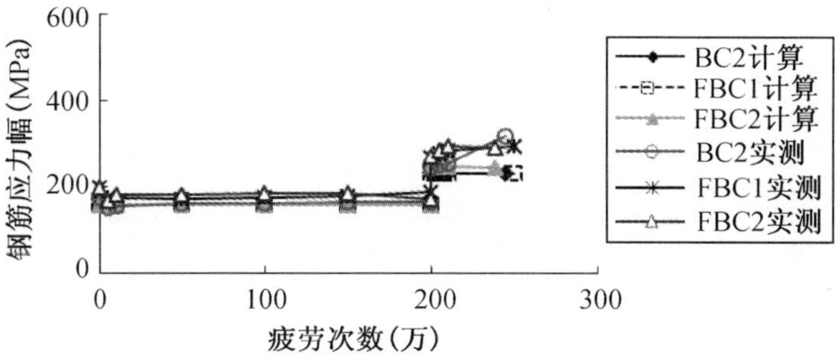

图 6.7　试验梁跨中受弯区钢筋应力幅值计算值与实测值比较

图 6.8 为不同疲劳加载次数后，冻融循环作用的粘贴钢板加固梁跨中受拉钢筋应力幅值数值模型计算值与实测值比较，图中曲线显示相同疲劳加载次数后，加固梁 FBS2 的受拉主筋的应力幅值计算值与实测值吻合较好。加固梁 FBS1 在疲劳循环 10 万次后主筋应力幅计算值与实测值相差较大，是因为钢板不断黏结失效，引起实际钢筋应力幅不断变大，而数值计算时是假定加固钢板完全黏结的。钢筋实测值由图 2.4 中钢筋测点应变推算得到。

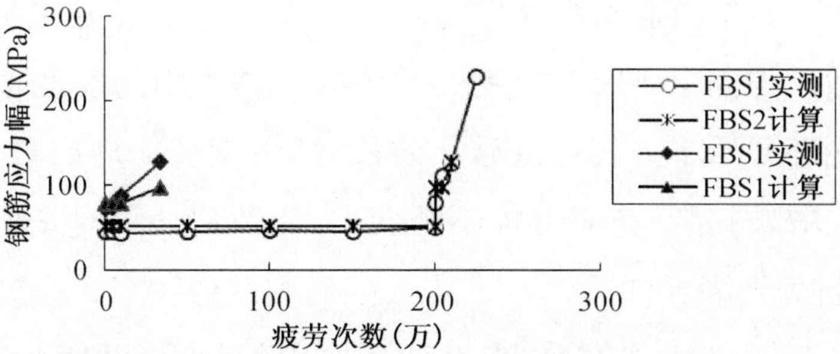

图 6.8　试验梁跨中受弯区钢筋应力幅值计算值与实测值比较

图 6.7 和图 6.8 中计算值与实测值吻合得较好，也验证本书数值模型的可行性。

表 6.3　试验梁疲劳循环次数分析

编号	疲劳次数（万）	钢筋应力幅 $\Delta\sigma$（MPa）	剩余疲劳循环次数（万）	总疲劳循环次数		
				估算	实测	误差（%）
FB1	0	129.76	380.2	289.1	291.9	1.0
	200	210.91	89.1			
FBC1	0	156.80	216.3	267.6	250.6	6.8
	200	232.85	67.6			
FBS1	0	184.55	134.9	134.9	38.2	—
FBS2	0	121.11	467.7	289.1	226.8	27.4
	200	211.967	89.1			

表 6.3 为经受冻融循环作用的粘贴加固混凝土梁和未加固梁当受力最不利截面的受拉主筋疲劳断裂时的循环次数分析表，表 6.3 中钢筋应力幅是试验梁受力最不利截面的主筋应力幅值，由数值模型计算分析得到，表 6.3 中剩余疲劳循环次数由本书的钢筋 S-N 曲线方程(6.27)估算得到。表中数据显示由数值模型计算的主筋应力幅值估算试验梁 FB1 和 FBC1 的受拉主筋的疲劳断裂时的循环次数，比较接近其实际疲劳循环次数。加固梁 FBS1 的疲劳循环次数估算值与实测值相差大是因为疲劳循环开始不久就接近破坏阶段，随着疲劳循环次数增加，钢板不断黏结失效，引起钢筋应力幅不断变大，而数值计算时是假定加固钢板与混凝土完全黏结的。

从疲劳试验破坏过程看，冻融循环作用的粘贴 CFRP 片材加固梁 FBC1 和未加固梁 FB1 的疲劳破坏都表现为开始于受力最不利截面的受拉主钢筋的断裂，钢筋的疲劳断裂主要与钢筋的应力幅值有关，所以估算受拉主筋的断裂疲劳时的循环次数比较接近其实际疲劳循环次数。因此，对于破坏形态以受力主筋疲劳断裂为标志的冻融作用的粘贴加固梁，可以用本书数值分析方法计算受力最不利截面钢筋的应力幅，估算该类加固梁的总疲劳循环次数，即为该类加固梁的疲劳寿命。

本节通过损伤分析和数值模拟，对于其疲劳破坏表现为开始于受力最不利截面受拉主筋断裂的有冻融循环作用的粘贴加固混凝土梁，提出了一种估算该类加固梁的疲劳寿命的方法；对于经受冻融循环作用的粘贴加固混凝土梁，其疲劳破坏表现为开始于钢板黏结失效或剥离时，也可以用本书方法估算该类梁钢筋断裂时的最终循环次数。

6.5　一般条件下的粘贴加固混凝土梁疲劳分析

用上一节方法同样可以估算一般条件下的的粘贴加固混凝土梁钢筋断裂时的最终循环次数，在上一节的方法基础上不考虑冻融损伤就可以了。即当疲劳加载一定次数后，对粘贴加固混凝土梁进行疲劳损伤分析，得到相应疲劳加载次数后的数值模型的材料参数，再对梁进行相应疲劳加载次数后的数值分析。

6.5.1　钢板/CFRP 片材应力

图 6.9 和图 6.10 是一般条件下的粘贴钢板加固梁 BS1 和 BS2 梁底沿纵向钢板应力的数值模型计算值与实测值的比较，图中曲线显示，相同疲劳加载次数后，数值模型计算值与实测值吻合得较好。

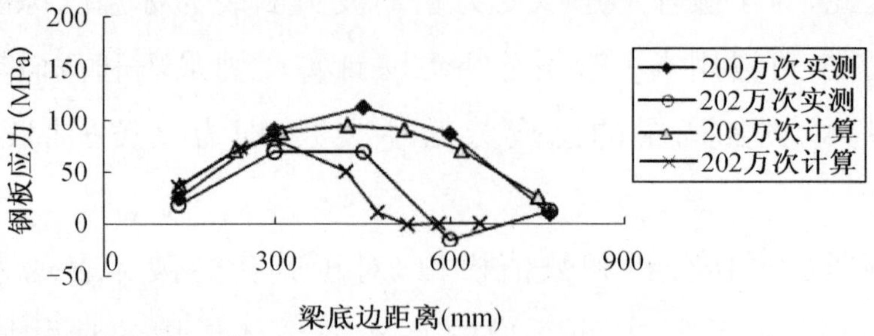

图 6.9　加固梁 BS1 梁底沿纵向钢板应力计算值与实测值比较

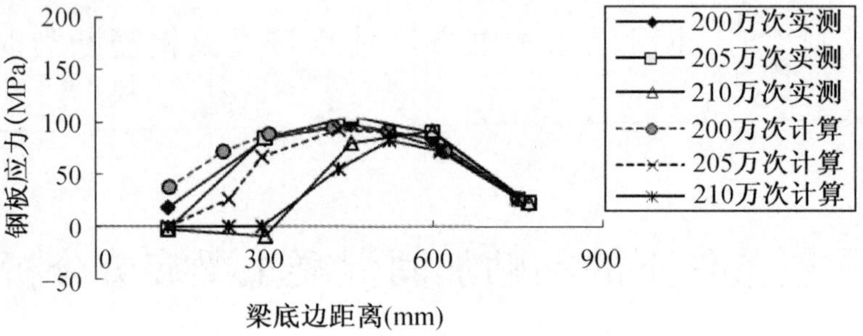

图 6.10　加固梁 BS2 梁底沿纵向钢板应力计算值与实测值比较

图 6.11 和图 6.12 是一般条件下的粘贴 CFRP 片材加固梁 BC1 和 BC2 梁底沿纵向 CFRP 片材应力的数值模型计算值与实测值的比较,图中曲线显示,相同疲劳加载次数的数值模型计算值与实测值吻合得较好。

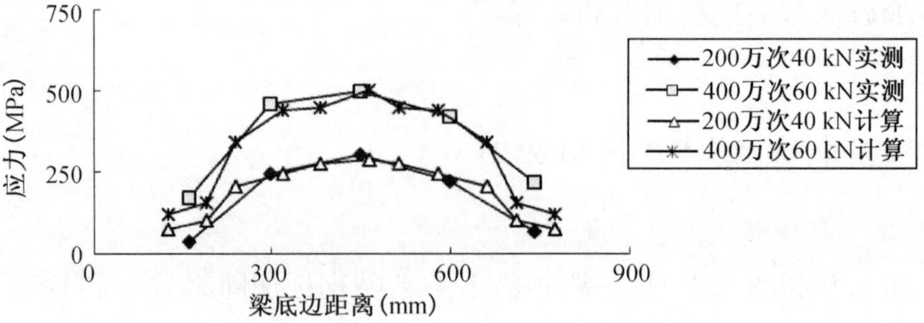

图 6.11　加固梁 BC1 梁底沿纵向 CFRP 片材应力计算值与实测值比较

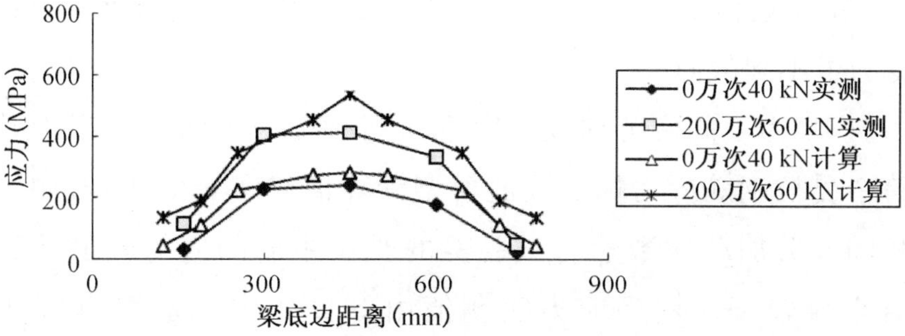

图 6.12　加固梁 BC2 梁底沿纵向 CFRP 片材应力计算值与实测值比较

6.5.2　钢筋应力及试验梁疲劳循环次数分析

图 6.13 为不同疲劳加载次数后，一般条件下的粘贴钢板加固梁跨中受拉钢筋应力幅值数值模型计算值与实测值比较，图中曲线显示相同疲劳加载次数后各加固梁的受拉主筋的应力幅值计算值与实测值吻合较好。

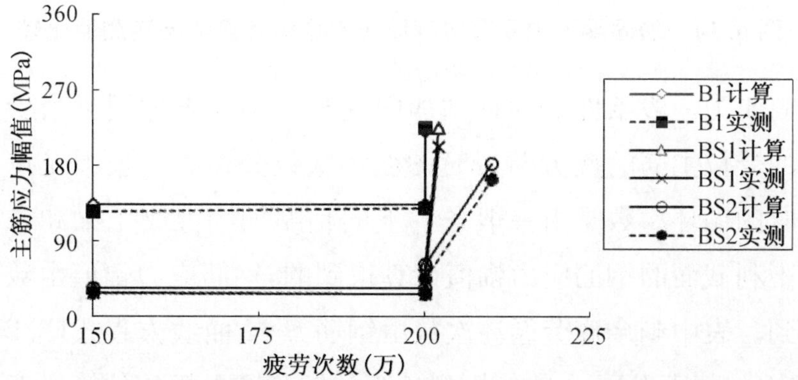

图 6.13　加固梁跨中受弯区钢筋应力幅值计算值与实测值比较

图 6.13 中钢筋应力幅值实测值由图 2.4 中钢筋测点应变幅值推算得到。未加固试验梁(B1)的钢筋应变测点处是试验梁钢筋受力最不利

截面，粘贴钢板加固试验梁(BS1 和 BS2)的钢筋应变测点处不是试验梁钢筋受力最不利截面。

图 6.14 为不同疲劳加载次数后，一般条件下的粘贴 CFRP 片材加固梁跨中受拉钢筋应力幅值数值模型计算值与实测值比较，图中曲线显示相同疲劳加载次数后各试验梁的受拉主筋的应力幅值计算值与实测值吻合较好。钢筋应力实测值由图 2.4 中钢筋测点应变推算得到。

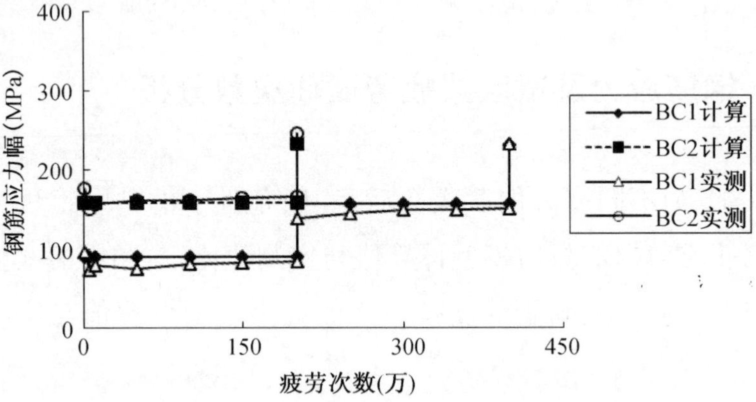

图 6.14　加固梁跨中受弯区钢筋应力幅值计算值与实测值比较

表 6.4 为一般条件下的粘贴加固混凝土梁和未加固梁当受力最不利截面的受拉主筋的疲劳断裂时的循环次数分析表。表中受拉主筋疲劳断裂时的循环次数是由一般条件下的粘贴加固混凝土梁和未加固梁受力最不利截面的钢筋应力幅值计算得到的，钢筋应力幅值由数值模型计算得到。表中剩余疲劳循环次数由钢筋 S-N 曲线方程式(6.27)估算得到。表中数据显示，由数值模型计算的钢筋应力幅值估算一般条件下的粘贴加固混凝土梁和未加固梁的受拉主筋疲劳断裂时的循环次数，比较接近其实际疲劳循环次数。

表 6.4　一般条件下的粘贴加固混凝土梁和未加固梁疲劳循环次数分析

编号	疲劳次数（万）	钢筋应力幅 $\Delta\sigma$（MPa）	剩余疲劳循环次数（万）	总疲劳循环次数		
				计算	实测	误差（%）
B1	0	134.23	338.8	279.4	295	5.3
	200	220.06	79.4			
BS1	0	70.12	2 344.2	253.3	213.5	18.6
	200	215.33	85.1			
	202	254.92	51.3			
BS2	0	70.12	2 344.2	261.3	250.1	4.5
	200	135.22	335.0			
	210	255.16	51.3			
BC1	0	89.924	1 122.0	469.2	456.6	2.8
	200	156.264	218.8			
	400	230.181	69.2			
BC2	0	158.077	211.3	267.3	253.7	5.4
	200	232.963	67.3			

由以上一般条件下的粘贴加固混凝土梁和未加固梁的钢筋应力及疲劳循环次数分析结果可以得出，对于破坏形态以受力主筋疲劳断裂为标志的一般条件下的粘贴加固混凝土梁或未加固梁，可以用本书数值分析方法计算受力最不利截面钢筋的应力幅，然后由钢筋的 S-N 曲线方程式(6.27)估算主筋疲劳断裂时的的疲劳寿命，即为该梁的疲劳寿命，例如可以用该方法估算一般条件下的粘贴 CFRP 加固梁和未加固梁 B1 的疲劳寿命。对于疲劳破坏开始于钢板剥离或黏结失效的黏贴钢板加固梁，可以用本书方法估算其主筋断裂时的疲劳循环次数。

第 7 章　粘贴加固混凝土梁疲劳破坏模式

7.1　粘贴加固混凝土梁常见静力破坏模式

根据静力试验现象，粘贴加固混凝土受弯构件常发生如下 6 种破坏模式[68-70]，如图 7.1 所示。

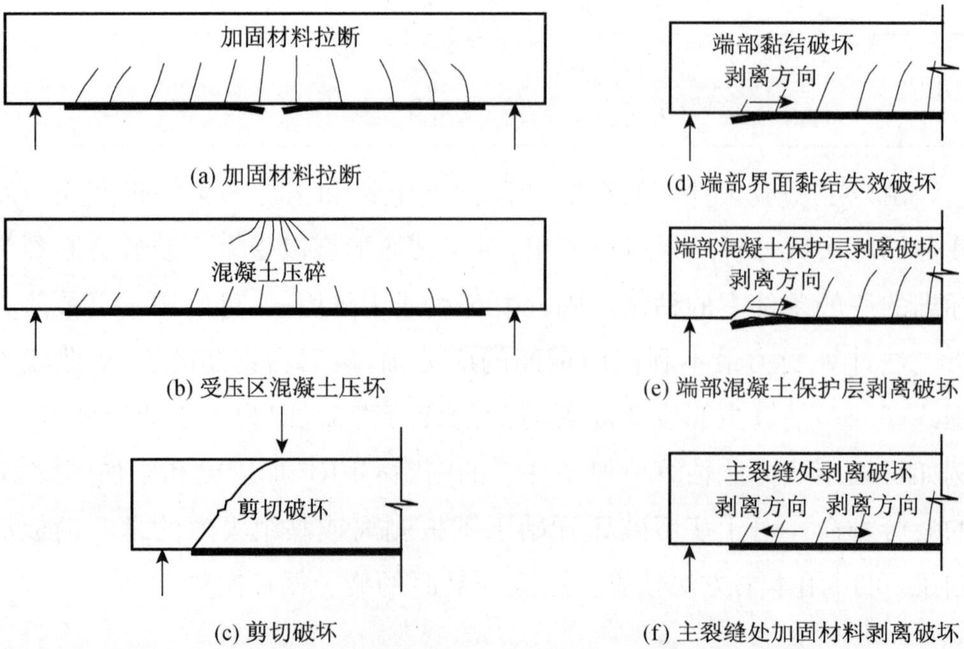

(a) 加固材料拉断　(b) 受压区混凝土压坏　(c) 剪切破坏　(d) 端部界面黏结失效破坏　(e) 端部混凝土保护层剥离破坏　(f) 主裂缝处加固材料剥离破坏

图 7.1　粘贴加固混凝土梁的破坏模式

（1）粘贴加固材料被拉断

跨中最大弯矩截面处粘贴加固材料应力超过其极限拉应力而发生的粘贴加固材料断裂破坏。破坏时，受拉钢筋一般会屈服，而受压区最外侧混凝土压应变未达到其极限压应变，通常在加固梁配筋率很小且加固材料用量又较少的情况下发生。

（2）受压区混凝土压坏

跨中最大弯矩截面处受压区混凝土压应变达到其极限压应变而破坏。破坏时，受拉钢筋有可能屈服，但粘贴加固材料未达到其极限拉应变，其材料性能未得到充分发挥。

（3）剪切破坏

剪切破坏主要是由于混凝土梁抗剪能力不足，出现较大的受剪斜裂缝，进而引起斜裂缝两侧刚体错动而导致的。由于实际工程中一般要求将梁设计成强剪弱弯，因此这种由于抗剪承载力不足导致的破坏一般可以避免。

（4）粘贴加固材料端部界面黏结失效破坏

粘贴加固材料和混凝土梁通过胶黏层传递黏结剪应力和正应力。由于粘贴加固材料截断导致片材端部截面受弯刚度不连续，从而在端部界面形成应力集中。若胶黏剂性能欠佳或粘贴施工质量低劣，将会在各层粘贴加固材料之间、粘贴加固材料—胶界面及胶—混凝土界面等某个薄弱的界面上出现黏结失效破坏。破坏时，粘贴加固材料表面比较平整，偶尔黏带着少许混凝土表层浮浆，属于一种非正常的端部黏结破坏，应通过合理选择胶黏剂和施工工艺加以避免。

（5）粘贴加固材料端部混凝土保护层剥离破坏

在实际工程中，由于粘贴加固材料与混凝土的界面黏结强度一般高于混凝土本身的抗拉强度，因此片材端部的黏结破坏绝大多数发生在钢筋保护层的混凝土内，即片材端部混凝土保护层剥离破坏，这种剥离破坏主要是由于片材端部应力集中而产生的主拉应力超过混凝土的抗拉强度而使得梁底混凝土保护层沿着受拉主筋方向与梁分离，需通过计算来预防。

（6）主裂缝处的粘贴加固材料剥离破坏

包括受弯主裂缝处的剥离破坏和弯剪主裂缝处的剥离破坏。随着荷载的增加，梁中会不断产生弯曲裂缝或弯剪裂缝，开裂截面与未开裂截面的粘贴加固材料之间将存在应力梯度，为了平衡，必然有剪应力产生，同时粘贴加固材料与混凝土之间发生相对滑移。随着裂缝的开展和相对滑移的不断增加，当裂缝截面附近粘贴加固材料—混凝土界面的黏结应力超过界面黏结强度时，即发生加固材料带表层混凝土的剥离破坏。破坏时，粘贴加固材料黏结面常附有 5～10 mm 的表层混凝土。现有的抗弯加固试验结果也已经证实，在锚固长度足够长和锚固措施可靠的情况下，发生于纯弯段弯曲裂缝处的加固材料剥离破坏是早期剥离破坏的主要模式之一。

在上述 6 种破坏模式中，(1)和(2)属于正截面弯曲破坏；(3)为斜截面剪切破坏，而(4)～(6)均属于早期黏结失效或剥离破坏。

7.2　粘贴加固混凝土梁疲劳破坏模式

与静力试验的加载不同，在疲劳试验中，加载水平与构件极限强度相比是较低的，但重复次数很多，从而引起不同的应力重分布和不同的破坏模式。所以本节在总结现有的粘贴加固混凝土梁的疲劳试验结果和本书疲劳试验结果基础上，分析粘贴加固混凝土梁的疲劳破坏模式。表 7.1 为现有的粘贴加固混凝土梁的疲劳破坏汇总。

表 7.1　粘贴加固混凝土梁的疲劳破坏汇总表

来源	试验梁		粘贴加固		疲劳					
	编号	梁长(m)	材料	锚固	层数	下限(kN)	上限(kN)	上限	循环次数	破坏模式
Barnes et al.[26]	3	2.3	CFRP	—	1	5	49	39%[a]	5.08×10^6	主筋断裂→剥离
	4	2.3	CFRP	—	1	4	40	32%[a]	1.9×10^6	主筋断裂→剥离
	5	2.3	CFRP	—	1	2.9	32	26%[a]	$>12\times10^6$	未破坏
Shahawy et al.[27]	F-2L5-A	5.8	CFRP	—	2	25%[a]	—	50%[a]	1.8×10^6	主筋断裂
	F-3L5-A	5.8	CFRP	—	3	25%[a]	—	50%[a]	3.0×10^6	主筋断裂
John Aidoo et al.[30]	RS1	6.1	CFRP	—	1	44	249	80%[b]	3.09×10^5	主筋断裂→剥离
	RS2	6.1	CFRP	—	1	30	196	63%[b]	1.3×10^6	主筋断裂→剥离
	RF1	6.1	CFRP	—	2	44	249	80%[b]	1.93×10^5	主筋断裂→剥离
	RF2	6.1	CFRP	—	2	30	196	63%[b]	9.6×10^5	主筋断裂→剥离
Heffernan et al.[29]	CFa-L	3.0	CFRP	—	7	28.2	84.1	60%[c]	4.9×10^6	主筋断裂→剥离
	CFa-M	3.0	CFRP	—	7	28.2	98	70%[c]	9×10^5	主筋断裂→剥离
	CFa-H	3.0	CFRP	—	7	28.2	112	80%[c]	3.4×10^5	主筋断裂→剥离
	CF-2	5.0	CFRP	—	2	28.2	98	70%[c]	3.12×10^5	主筋断裂→剥离
	CF-4	5.0	CFRP	—	4	28.2	98	70%[c]	6.27×10^5	主筋断裂→剥离
	CF-6	5.0	CFRP	—	6	28.2	98	70%[c]	1.0×10^6	主筋断裂→剥离
Mahmut Ekenel et al.[32]	S-1	2.0	CFRP	—	1	17.3	33.4	63%[a]	$>2\times10^6$	疲劳→静载
	S-2	2.0	CFRP	锚栓[e]	1	17.3	33.4	63%[a]	$>2\times10^6$	疲劳→静载
	S-3	2.0	CFRP	—	1	28.9	55.2	63%[a]	$>2\times10^6$	疲劳→静载
John Aidoo et al.[31]	CF	9.14	CFRP	—	1	32.5	359	—	$>2\times10^6$	疲劳→静载
	NF	9.14	CFRP	NSM	2	33.5	359	—	$>2\times10^6$	疲劳→静载
	PF	9.14	CFRP	PAFs	2	33.4	359	—	$>2\times10^6$	疲劳→静载
Y. C. Wang[33]	F6	5	CFRP	—	3	20	125	—	$>1.0\times10^4$	疲劳→静载
	C1	5	CFRP	U	3	20	125	—	$>1.0\times10^4$	疲劳→静载
	C2	5	CFRP	U	3	40	140	—	$>1.0\times10^6$	疲劳→静载

续表 7.1

来源	试验梁		粘贴加固		疲劳					
	编号	梁长(m)	材料	锚固	层数	下限(kN)	上限(kN)	上限	循环次数	破坏模式
Catalin Gheorghiu[34]	L400A[d]	1.215	CFRP	—	1	6.8	15.9	—	$>4\times10^{5}$	疲劳→静载
	L400B[d]	1.215	CFRP	—	1	6.8	15.9	—	$>4\times10^{5}$	疲劳→静载
	L800A[d]	1.215	CFRP	—	1	6.8	15.9	—	$>8\times10^{5}$	疲劳→静载
	L800B[d]	1.215	CFRP	—	1	6.8	15.9	—	$>8\times10^{5}$	疲劳→静载
	L800C[d]	1.215	CFRP	—	1	6.8	15.9	—	$>8\times10^{5}$	疲劳→静载
	L2000A[d]	1.215	CFRP	—	1	6.8	15.9	—	$>2\times10^{6}$	疲劳→静载
	L2000B[d]	1.215	CFRP	—	1	6.8	15.9	—	$>2\times10^{6}$	疲劳→静载
	H400A[d]	1.215	CFRP	—	1	15.9	34.1	—	$>4\times10^{5}$	疲劳→静载
	H400B[d]	1.215	CFRP	—	1	15.9	34.1	—	2.03×10^{5}	剥离
	H800A[d]	1.215	CFRP	—	1	15.9	34.1	—	$>8\times10^{5}$	疲劳→静载
	H800B[d]	1.215	CFRP	—	1	15.9	34.1	—	7.09×10^{5}	剥离
	H2000A[d]	1.215	CFRP	—	1	15.9	34.1	—	2.43×10^{5}	剥离
	H2000B[d]	1.215	CFRP	—	1	15.9	34.1	—	$>2\times10^{6}$	疲劳→静载
李源[35]	T01	4.2	CFRP	U	1	25	115	—	$>2\times10^{6}$	疲劳→静载
	T1	4.2	CFRP	U	1	25	90	—	$>2\times10^{6}$	疲劳→静载
	T2	4.2	CFRP	U	2	25	125	—	$>2\times10^{6}$	疲劳→静载
王希超[39]	JGP-1	2.2	CFRP	U	1	15	50	—	$>2\times10^{6}$	疲劳→静载
	JGP-2	2.2	CFRP	U	1	15	50	—	$>2\times10^{6}$	疲劳→静载
	JGP-3	2.2	CFRP	U	2	15	50	—	$>2\times10^{6}$	疲劳→静载
	JGP-4	2.2	CFRP	U	2	15	50	—	$>2\times10^{6}$	疲劳→静载
石启印[50]	B1a	30	CFRP	—	1	5	70	—	5.74×10^{4}	端部剥离、跨中CFRP 断裂
	B1b	3.0	CFRP	U	1	5	70	—	8.01×10^{4}	主筋断裂→跨中CFRP 断裂
	B1c	3.0	CFRP	U	1	5	55	—	1.288×10^{5}	主筋断裂

续表 7.1

来源	试验梁		粘贴加固		疲劳					
	编号	梁长（m）	材料	锚固	层数	下限（kN）	上限（kN）	上限	循环次数	破坏模式
万墨林[17]	JLf-1	3.0	钢板 4 mm 厚	—	1	10	40	—	1.15×10^{6}	钢板端部剥离
	JLf-2	3.0	钢板 4 mm 厚	—	1	10 15 15	40 45 50	—	2.9×10^{6}	跨中钢板断裂
	JSLf-1	3.0	钢板 4 mm 厚	螺栓	1	15	45	—	1.86×10^{6}	跨中钢板断裂
	JSLf-2	3.0	钢板 4 mm 厚	螺栓	1	10 10	40 45	—	2.47×10^{6}	跨中钢板断裂
翟爱良[5]	JAC20-2	1.1	钢板 3 mm 厚	U	1	2.4	24	—	1.41×10^{4}	钢板端部 黏结失效
	JAC30-2	1.1	钢板 1.5 mm 厚	U	1	2.0	20	—	$>2\times10^{5}$	疲劳（斜裂缝宽度 0.2 mm）→静载
	JAC30-3	1.1	钢板 3 mm 厚	U	1	2.8	28	—	$>2\times10^{5}$	疲劳→静载
	JAC30-4	1.1	钢板 3 mm 厚	U	1	2.4	24	—	$>2\times10^{5}$	疲劳→静载
Byung Hwan Oh[20]	F60-1	2.4	钢板 4 mm 厚	—	1	10	76	60%[a]	$>4\times10^{6}$	未破坏
	F70-1	2.4	钢板 4 mm 厚	—	1	10	88	70%[a]	$>4\times10^{6}$	未破坏
	F70-2	2.4	钢板 4 mm 厚	—	1	10	88	70%[a]	$>4\times10^{6}$	未破坏
	F80-1	2.4	钢板 4 mm 厚	—	1	10	100	80%[a]	1.03×10^{5}	钢板端部剥离
	F80-2	2.4	钢板 4 mm 厚	—	1	10	100	80%[a]	83 245	钢板端部剥离
本书	BS1	0.9	钢板 3 mm 厚	一侧 螺栓	1	5 5	25 40	—	2.14×10^{6}	钢板端部剥离→端部主筋断裂
	BS2	0.9	钢板 3 mm 厚	螺栓	1	5 5	25 40	—	2.5×10^{6}	钢板端部黏结失效→端部主筋断裂

续表 7.1

来源	试验梁		粘贴加固		疲劳					
	编号	梁长(m)	材料	锚固	层数	下限(kN)	上限(kN)	上限	循环次数	破坏模式
本书	FBS1	0.9	钢板 3 mm 厚	螺栓/U	1	5	60	—	3.82×10^5	钢板端部黏结失效→端部主筋断裂
	FBS2	0.9	钢板 3 mm 厚	螺栓/U	1	5 5	40 60	—	2.27×10^6	钢板端部黏结失效→端部主筋断裂
	BC1	0.9	钢板 3 mm 厚	U	1	5 5 5	25 40 60	—	4.56×10^6	主筋断裂
	BC2	0.9	钢板 3 mm 厚	U	1	5 5	40 60	—	2.54×10^6	主筋断裂
	FBC1	0.9	钢板 3 mm 厚	U	1	5 5	40 60	—	2.51×10^6	主筋断裂
	FBC2	0.9	钢板 3 mm 厚	U	1	5 5	40 60	—	2.4×10^6	CFRP 跨中剥离

注：a 上限：极限荷载百分比；
b 上限：屈服荷载百分比；
c 上限：钢筋屈服应力百分比；
d：CFRP 在跨中有 26 cm 没有与混凝土黏结；
e 锚栓：是一种 GFRP 锚栓(Spike Anchor)；
U：采用 U 形箍锚固。

从表 7.1 中通过对现有的粘贴钢板加固混凝土梁和粘贴 CFRP 片材加固混凝土梁疲劳试验结果进行分析，可以得出粘贴加固混凝土梁的疲劳破坏模式主要表现为：①开始于受拉主筋断裂的疲劳破坏；②开始于粘贴加固材料的黏结失效或剥离破坏；③开始于粘贴加固材料疲劳断裂破坏。

(1) 开始于受拉主筋断裂的疲劳破坏

在粘贴加固混凝土梁的疲劳性能试验中，以开始于受拉主筋断裂的疲劳破坏是所观察到的最多的一种加固梁疲劳破坏模式。文献[26]、[27]、[30]、[31]、[50]及本书的疲劳试验中都有此种破坏模式发生，图 7.2为开始于受拉主筋断裂的疲劳破坏的试验梁照片。

(a) 文献[50]梁B1b受拉主筋断裂

(b) 本书试验梁BC1受拉主筋断裂

图 7.2　开始于受拉主筋断裂的疲劳破坏

发生此种破坏模式的加固梁，当疲劳荷载循环到一定次数时，梁内的某一根受拉主筋达到了其疲劳寿命，随即突然脆性断裂。与静载破坏相比，即便是延性很好的材料，其疲劳破坏也没有明显的塑性变形。可见钢筋断裂发生的突然性。此种破坏模式下，施加在加固梁上的循环荷载最大值相比于梁的极限承载能力一般不大。并且加固梁在疲劳寿命期间，其横截面上各材料间的应力重分布发展程度一般不大。

当第一根钢筋断裂之后，随着加固梁构造上的不同，会产生两种情况：

① 当加固梁配筋量适中时，某根主筋疲劳断裂后，加固梁随即产生很大的挠度变形。但此时粘贴加固材料还完好，梁还能在荷载较低时工作。当荷载循环一定次数时，由于梁跨中某弯曲裂缝最严重处的粘贴加固材料和混凝土之间相对黏结变形过大，致使其间黏结的松解失效，从而导致粘贴加固材料在混凝土表层的撕裂。随着挠度的继续增大，这种撕裂向加固梁的两端传递直到发生端部锚固失效，梁随即垮塌。Barnes 等[26]和 Shahawy 等[27]在其加固梁疲劳试验中观察到的加固梁疲劳破坏过程即为如此，图 7.3 为文献[26]试验破坏照片。

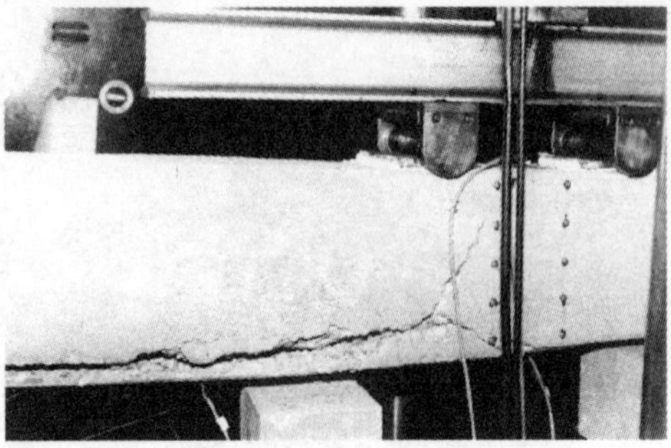

图 7.3　试验梁 beam4 破坏[26]

主筋断裂后也可能出现粘贴加固材料的拉断并剥离，文献[50]的CFRP 片材加固梁的破坏即观测到此现象。

② 若加固梁配筋量较大时，每根钢筋上分担的应力相对较小。某根钢筋突然断裂退出工作，相应的应力传递给了剩余的钢筋和粘贴加固材料，其他钢筋和粘贴加固材料上应力会有所升高但不会很大，相应的各应变变化也不是很大，粘贴加固材料和混凝土的黏结作用还在继续有效地工作，梁不会马上垮塌。再经过相当长的荷载循环次数后，陆续的还会发生钢筋的疲劳断裂。加固梁的平均挠度一步一步地增大，直到最后的某根钢筋发生疲劳断裂，梁的挠度骤增随即发生破坏。文献[30]中试验梁破坏即是如此。一般试验梁数根钢筋同时断裂的可能性极小，所以此情况下常取第一根钢筋断裂时加固梁所经历的荷载循环次数为其疲劳寿命。

(2) 开始于粘贴加固材料的黏结失效或剥离破坏

当粘贴加固材料与混凝土界面脱胶，但还有锚栓或 U 形箍等其他附加锚固措施，使得加固材料与梁体连成整体，称之为黏结失效，如果当粘贴加固材料与混凝土界面脱胶或保护层混凝土撕裂后，加固材料与梁体分离，称之为剥离。粘贴加固材料的黏结失效或剥离或是混凝土保护层的撕裂一般发生得很突然。现有的粘贴加固混凝土梁在疲劳荷载作用下的黏结失效或剥离破坏主要有：加固材料的端部黏结失效或剥离破坏、弯曲或弯剪主裂缝处的黏结失效或剥离破坏。还有就是紧跟在加固梁中纵向受拉钢筋的疲劳断裂之后发生的黏结失效或剥离破坏，但此类黏结失效或剥离的发生是次生的，本书将其归于开始于主筋断裂的疲劳破坏模式。

加固材料的端部黏结失效或剥离破坏表现为：加固材料端部处沿加固材料与混凝土界面之间的黏结失效或剥离或沿纵向受拉钢筋方向混凝土保护层撕裂。文献[17]、文献[5]及本书都有部分试验梁发生此类破坏。此种情况是由于在加固材料端部处因为材料的不连续而存在很大的应力集中，循环荷载作用下此处的剪切滑移也最大。粘贴加固材料的黏结失效或剥离即由此处开始，向跨中方向发展，也可能沿纵向钢筋位置纵向撕裂。如果加固材料没有可靠的锚固，容易发生端部剥离，如

(a) 文献[51]的梁B1a端部剥离

(b) 文献[32]试验梁端部剥离

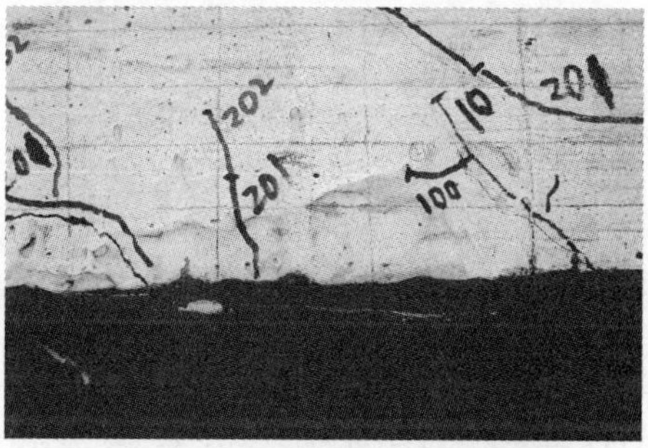

(c) 本书试验梁BS2端部剥离

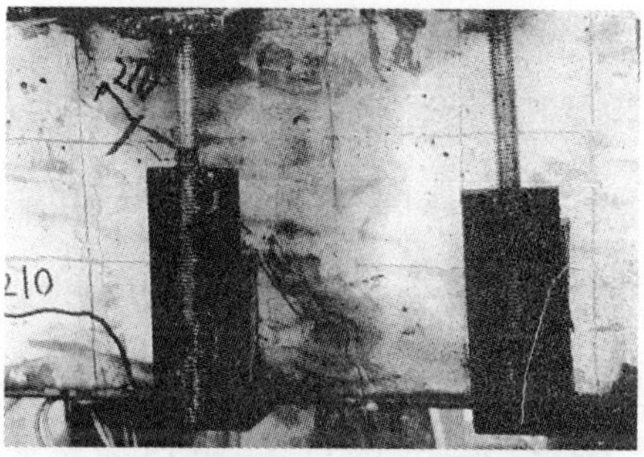

(d) 本书试验梁FBS2端部黏结失效

图7.4　加固材料端部黏结失效或剥离

图 7.4(a)～(c)所示，可能是加固材料与混凝土界面剥离或混凝土保护层撕裂。如果加固材料有 U 形箍等附加锚固措施，发生黏结失效后，附加锚固将加固材料与梁体连成整体，加固材料不会剥离(图 7.4d)。在本书试验梁 BS2 疲劳试验中观察到当加固材料端部剥离后，加固梁很快发生主筋断裂，梁垮塌。在本书试验梁 FBS2 疲劳试验中观察到当加固材料黏结失效未剥离时，加固梁还有承载潜力，经过相对较长循环次数后发生主筋断裂，试验梁垮塌。

如果弯曲裂缝开展宽度较大，则由于弯曲裂缝处同样存在剪应力的应力集中，所以也可能在加固梁弯曲裂缝之间的沿加固材料与混凝土界面间剥离或弯曲裂缝间的混凝土保护层开裂。由于弯曲裂缝处的剪应力集中程度不如加固材料端部处严重，所以此情况应该只在加固材料端部有锚固时才发生。其他文献的粘贴加固混凝土梁的疲劳试验中未见有此类破坏报道，现有的疲劳试验中此类剥离现象是在受拉主筋断裂后出现的。本书中 CFRP 片材加固有冻融损伤的混凝土梁(FBC2)的疲劳试验中试验梁是此类破坏。

弯剪主裂缝处的加固材料的黏结失效或剥离破坏是由于梁的剪切裂缝发展得较宽，剪弯段内加固材料与混凝土界面之间存在剪应力与正应力的共同作用所致。现有文献的粘贴加固混凝土梁的疲劳试验中未见有此类破坏报道，现有的疲劳试验中此类剥离现象是在受拉主筋断裂后出现的。

(3) 开始于粘贴加固材料疲劳断裂破坏

开始于粘贴加固材料疲劳断裂破坏，是在跨中最大弯矩截面处粘贴加固材料应力幅达到疲劳强度而发生的粘贴加固材料断裂破坏。文献[17]中粘贴钢板加固混凝土梁的疲劳试验中观察到此类破坏。由于 CFRP 疲劳强度大，所以目前粘贴 CFRP 片材加固梁中未见有报道此类破坏，疲劳试验中观测到的主要是在受拉主筋断裂破坏模式中钢筋疲劳断裂后，梁位移激增，致使 CFRP 被拉断[50]。

综上，粘贴加固混凝土梁上发生得最多的是开始于钢筋疲劳断裂的疲劳破坏，此种破坏和开始于粘贴加固材料疲劳断裂破坏使梁上各材料疲劳性能有效发挥。因此，加固梁的疲劳设计应该促使其最终发生此两种模式的破坏。

7.3　疲劳破坏模式的影响因素

首先粘贴加固过程中，施工质量好坏直接影响粘贴加固材料与混凝土的黏结性能，所以也影响黏贴加固混凝土梁的疲劳破坏模式。

通过对疲劳试验结果的总结分析，在粘贴加固规范操作的情况下，影响粘贴加固混凝土梁的疲劳破坏模式的因素主要有：疲劳加载的荷载水平、加固材料的锚固措施、混凝土强度等级、加固材料刚度、试验梁尺寸等。

（1）疲劳加载的荷载水平

在粘贴加固混凝土梁的疲劳试验研究中，发现当疲劳加载的荷载水平较高的情况下，容易发生黏结失效或剥离破坏。

（2）锚固措施

当粘贴加固材料有可靠的锚固措施时，能有效抑制粘贴加固材料的剥离。因此，为了抑制加固材料的端部黏结失效后剥离破坏的发生，需保证加固梁上混凝土与粘贴加固材料之间具有可靠黏结，且需在加固梁上采取有效的锚固措施，尤其当加固材料的刚度较大时，因应力集中严重更需有可靠的锚固措施。

（3）混凝土强度等级

混凝土强度等级越高，混凝土的抗拉强度越高，抗压强度也越高，梁的抗剪承载力也就越高。

（4）加固材料刚度

研究表明加固材料的应力集中与粘贴加固材料刚度成正比，当粘贴加固材料较厚刚度较大时，容易发生剥离破坏。

（5）试验梁尺寸

小尺寸的试验梁，在受拉区粘贴加固时，不容易满足锚固长度的要求，如果此时没有采用其他锚固措施，容易发生端部剥离破坏。

参 考 文 献

[1] 刘真岩，周建斌. 旧桥维修加固施工方法与实例[M]. 北京：人民交通出版社，2005

[2] 单成林. 旧桥加固设计原理及计算示例[M]. 北京：人民交通出版社，2007

[3] 中华人民共和国交通部. JTG D60—2004 公路桥涵设计通用规范[S]. 北京：人民交通出版社，2004

[4] 中华人民共和国交通部. JTG D62—2004 公路钢筋混凝土及预应力混凝土桥涵设计规范[S]. 北京：人民交通出版社，2004

[5] 翟爱良，孙兆明，冯耀奇. 粘贴钢板加固混凝土梁疲劳性能的试验研究[J]. 青岛建筑工程学院学报，2002，23(3)：7-11

[6] 张誉，蒋利学，张伟平，等. 混凝土结构耐久性概论[M]. 上海：上海科学出版社，2003

[7] 姚卫星. 结构疲劳寿命分析[M]. 北京：国防工业出版社，2003

[8] 徐灏. 疲劳强度[M]. 北京：高等教育出版社，1988

[9] 程育仁，缪龙秀，侯炳麟. 疲劳强度[M]. 北京：中国铁道出版社，1990

[10] 李永强，车惠民. 混凝土弯曲疲劳累积损伤性能研究[J]. 中国铁道科学，1998，19(2)：52-59

[11] Rao J S, Pathak A, Chawla A. A comparison by cumulative damage theories [J]. Journal of Engineering for Gas Turbines and Power, 2001, 123(10): 886-892

[12] 杨晓华，姚卫星，段成美. 确定性疲劳累积损伤理论进展[J]. 中国工程科学，

2003,5(4):81-87

[13] Manson S S, Nachtigall A J, Ensign C R, et al. Further investigation of a relation for cumulative fatigue damage in bending [J]. Journal of Manufacturing Science and Engineering, 1964,87(1),25-35

[14] Henry D L. A theroy of fatigue damage accumulation in steel [J]. Transaction of the ASME, 1955,77:913-918

[15] Subramanyan S. A cumulative damage rule based on the knee point of the S-N curve [J]. Journal of Engineering Materials and Technology, 1976,98(4):316-321

[16] Chaboche J L, Lesne P M. A non-linear continuous fatigue damage mode [J]. Fatigue and Fracture of Engineering Materials and Structures, 1988, 11(1):1-7

[17] 万墨林,马颖军.粘贴钢板加固混凝土梁抗疲劳性能试验研究[J].建筑科学,1994(1):23-28

[18] 雷淑忠,罗建群,赵经海,等.粘贴钢板补强钢筋砼梁的静载及疲劳性能[J].山东工业大学学报,1999,29(1):63-70

[19] 雷淑忠,罗建群,汤红卫.钢板厚度及混凝土强度对粘贴钢板补强梁疲劳性能的影响[J].水利水运科学研究,1998(3):262-267

[20] Byung Hwan Oh, Jae Yeol Cho, Dae Gyun Park. Static and fatigue behavior of reinforced concrete beams strengthened with steel plates for flexure [J]. ASCE Journal of Structural Engineering, 2003, 129(4):527-535

[21] 四川省建筑科学研究院,等.CECS25:90 混凝土结构加固技术规范[S].北京:中国计划出版社,1990

[22] 中国工程建设标准化协会.CECS 146—2003 碳纤维片材加固修复混凝土结构技术规程[S].北京:中国建筑工业出版社,2003

[23] 中华人民共和国行业推荐性标准.JTG/T J22—2008 公路桥梁加固设计规范[S].北京:人民交通出版社,2008

[24] 中华人民共和国行业推荐性标准.JTG/T J23—2008 公路桥梁加固施工技术

规范[S]. 北京：人民交通出版社，2008

[25] 华渊，张少波，姜稚清. 混杂纤维增强混凝土弯曲疲劳性能的试验研究[J]. 混凝土与水泥制品，1997(4)：40-43

[26] Richard Andrew Barnes, Geoffrey Charles Mays. Fatigue performance of concrete beams strengthened with CFRP plates [J]. Journal of Composites for Construction, 1999,3(2): 63-72

[27] Mohsen Shahawy, Thomas E Beitelman. Static and fatigue performance of RC beams strengthened with CFRP laminates [J]. Journal of Structural Engineering, 1999, 125(6):613-621

[28] Sherif El-Tawil, Cahit Ogunc, Ayman Okeil, et al. Static and fatigue analyses of RC beams strenthened with CFRP laminates [J]. Journal of Composites for Construction, 2001,5(4):258-267

[29] Heffernan P J, Erki M A. Fatigue behavior of reinforced concrete beams strengthened with carbon fiber reinforced plastic laminates [J]. Journal of Composites for Construction, 2004, 8(2):132-140

[30] John Aidoo, Kent A Harries, Michael F Petrou. Fatigue behavior of carbon fiber reinforced polymer strengthened reinforced concrete bridge girders [J]. Journal of Composites for construction, 2004, 8(6) : 501-509

[31] John Aidoo, Kent A Harries, Michael F Petrou. Full-Scale experimental investigation of repair of reinforced concrete interstate bridge using CFRP materials[J]. Journal of Bridge Engineering, 2006,11(3):350-358

[32] Mahmut Ekenel1, Andrea Rizzo, John J Myers, et al . Flexural fatigue behavior of reinforced concrete beams strengthened with FRP fabric and precured laminate systems[J]. Journal of Composites for Construction, 2006, 10(5):434-442

[33] Wang Y C, Lee M G, Chen B C. Experimental study of FRP-strengthened RC bridge girders subjected to fatigue loading [J]. Composite Structures, 2007,81: 491-498

[34] Catalin Gheorghiu, Pierre Labossiere, Jean Proulx. Response of CFRP-strengthened beams under fatigue with different load amplitudes[J]. Construction and Building Materials, 2007,21: 756-763

[35] 李源,张兴虎,等. 碳纤维布加固混凝土梁的疲劳试验研究[J]. 工业建筑,2004,34(6):22-24

[36] 刘沐宇,李开兵. 碳纤维布加固混凝土梁的疲劳性能实验研究[J] . 土木工程学报, 2005,38 (9): 32-36

[37] 刘沐宇, 李开兵, 张学明,等. 碳纤维布加固损伤混凝土梁的疲劳性能试验[J]. 武汉理工大学学报, 2004, 26(4): 52-55

[38] 陈永秀,陆洲导. 碳纤维布加固钢筋混凝土梁正截面的疲劳性能试验研究[J]. 四川建筑科学研究,2006,32(6):94-97

[39] 王希超. 碳纤维布加固梁的疲劳性能试验研究[J]. 中外公路,2007,27(1):122-124

[40] 吕宏奎,刘炎海,王希超. 碳纤维布增强钢筋混凝土梁抗弯疲劳性能试验研究[J]. 兰州交通大学学报(自然科学版),2006,25(4):10-13

[41] 姚国文,黄培彦. 循环载荷下纤维薄板增强 RC 梁的疲劳性能研究[J]. 土木工程学报,2006,39(4):35-38

[42] Huang Peiyan, Zhou Xuping, Yang Yi, et al. Fatigue lives of RC beams strengthened with carbon fiber laminates under bending loads [J]. Journal of South China University of Technology (Natural Science Edition), 2007, 35(10):198-204

[43] 赵琛, 黄培彦. 疲劳荷载下碳纤维薄板加固 RC 梁变形计算[J]. 公路交通科技,2008,25(1):88-91

[44] Lin Rongwei, Huang Peiyan, Zhao Chen, et al. Prediction of fatigue lives of RC beams strengthened with CFL under random loading[J]. Acta Mechanica Solida Sinica, 2008, 21(4):359-363

[45] Deng Jiangdong, Huang Peiyan, Niu Pengzhi. Analysis of deflection of RC beams strengthened with CFL under cyclic bending loads [J]. Science

Technology and Engineering, 2008,8(2):342-346

[46] Zheng X H, Huang P Y, Han Q, et al. Bond behavior of interface between CFL and concrete under static and fatigue load [J]. Construction and Building Materials, 2014,52:33-41

[47] Zhou Z L, Huang P Y, Deng J. Fatigue behaviors of carbon fiber laminates strergthened RC beams in elevated temperature [J]. Journal of PLA University of Sciencc and Tcchnology, 2008,9(4):351-356

[48] Zhou Z L, Huang P Y, Guo X Y. Carbon fiber laminate strengthened RC beams subjected to fatigue loading at elevated temperature[J]. Journal of Zhengzhou University (Natural Science Edition), 2008, 40(2):114-119

[49] 黄培彦,赵琛,郭馨艳. FRP加固钢筋混凝土构件的疲劳性能[M]. 北京:科学出版社,2009

[50] 石启印,陆鸣,张庆宗,等. 碳纤维布加固的钢筋砼吊车梁的抗弯疲劳性能[J]. 吉林大学学报(工学版),2008,38(1):99-104

[51] Shi Qiyin, Li Aiqun, Hui Zhuo. Fatigue behav ior of crane beam strengthened with CFRP [J]. Journal of Southeast University (English Edition), 2007, 23(4): 561-565

[52] 姚允武,李春良,程永春. 碳纤维布加固混凝土结构疲劳特性试验研究[J]. 工程力学,2008,25(8):200-204

[53] 汝海峰,张茜,梁春祥. CFRP片材加固钢筋混凝土梁疲劳刚度的试验研究[J]. 铁道工程学报,2008,117(6):52-55

[54] 蔡光汀,陈君球,邹越,等. 混凝土粘贴钢板补强用结构胶的耐久性研究[J]. 混凝土,2000,130(8):37-40

[55] 邓宗才,牛翠兵,等. FRP加固混凝土结构耐久性研究[J]. 北京工业大学学报,2006,32(2):133-137

[56] 胡安妮,任慧韬. 冻融循环对FRP增强混凝土柱影响试验研究[J]. 大连理工大学学报,2006,46(6):862-867

[57] 刘清霞. 冻融条件下碳纤维片材加固混凝土柱性能研究[D]. 郑州:郑州大

学,2005

[58] 任慧韬，胡安妮，赵国藩. 纤维增强塑料与混凝土黏结的抗冻融性能研究[J]. 大连理工大学学报，2003,43 (4)：495-499

[59] 任慧韬,胡安妮,赵国藩. 冻融循环对玻璃纤维布加固混凝土梁受力性能影响[J]. 土木工程学报,2004,37(4):104-110

[60] 陈建伟,胡海涛,王希宾,等. 玄武岩纤维加固混凝土梁的冻融试验研究[J]. 青岛理工大学学报,2008,29(3):17-30

[61] 中华人民共和国国家建设部,等. GB 50010—2002 混凝土结构设计规范[S]. 北京:中国建筑工业出版社,2002

[62] 叶见曙. 结构设计原理[M]. 北京:人民交通出版社，2005

[63] 刘祖华,朱伯龙. 粘钢加固梁的解析分析[J]. 同济大学学报,1994，22(1):21-26

[64] 住房和城乡建设部,等. GB/T 50082—2009 普通混凝土长期性能和耐久性能试验方法[S]. 北京:中国建筑工业出版社,2009

[65] 任慧韬. 纤维增强复合材料加固混凝土结构基本力学性能和长期受力性能研究[D]. 大连:大连理工大学,2003

[66] 过镇海. 钢筋混凝土原理[M]. 北京:清华大学出版社,1999

[67] 杨勇新,岳清瑞. 碳纤维布加固混凝土梁截面刚度计算[J]. 工业建筑,2001,31(9):1-4

[68] 李贵炳. 碳纤维片材加固钢筋混凝土梁抗弯性能与剥离破坏研究[D]. 杭州:浙江大学,2006

[69] 张劲松. 碳纤维加固钢筋混凝土梁、板受弯性能的试验研究[D]. 重庆:重庆大学,2007

[70] 陈昊. 外贴碳纤维片材加固足尺混凝土梁的剥离破坏研究 [D]. 长沙:中南大学,2007

[71] 李松辉,赵国藩,王松根. CFRP 加固混凝土梁各受力阶段的剥离机理[J]. 工程力学,2005,22(1):153-158

[72] 冀晓东. 冻融后混凝土力学性能及钢筋混凝土黏结性能的研究[D]. 大连:大

连理工大学,2007

[73] 余天庆,钱济成.损伤理论及其应用[M].北京:国防工业出版社,1993

[74] 封伯昊,张立翔,李桂青.混凝土损伤研究综述[J].昆明理工大学学报,2001,26(3):21-30

[75] 王军.损伤力学的理论与应用[M].北京:科学出版社,1997

[76] 杨光松.损伤力学与复合材料损伤[M].北京:国防工业出版社,1995

[77] 楼志文.损伤力学基础[M].西安:西安交通大学出版社,1991

[78] 刘远.基于损伤理论的混凝土抗冻耐久性随机预测方法研究[D].杭州:浙江大学,2006

[79] 蔡四维,蔡敏,等.混凝土的损伤断裂[M].北京:人民交通出版社,1999

[80] 余天庆.混凝土的分段线性损伤模型[J].岩石、混凝土断裂与强度,1985(2):14-16

[81] 钱济成,周建方.混凝土的两种损伤模型及其应用[J].河海大学学报,1989(3):40-47

[82] 李金玉,曹建国,等.混凝土冻融破坏机理的研究[J].水利学报,1999(1):41-49

[83] 蔡昊.混凝土抗冻耐久性预测模型[D].北京:清华大学,1998

[84] 覃丽坤.高温及冻融循环后混凝土多轴强度和变形试验研究[D].大连:大连理工大学,2004

[85] 于长江,宋玉普.冻融环境下混凝土双向拉压强度与变形特性的试验研究[J].混凝土,2004(5):12-16

[86] 陈飞.冻融条件下引气混凝土多轴强度的试验研究[D].大连:大连理工大学,2005

[87] 商怀帅.引气混凝土冻融循环后多轴强度的试验研究[D].大连:大连理工大学,2006

[88] 张众.冻融及高温后混凝土多轴力学特性试验研究[D].大连:大连理工大学,2006

[89] 罗昕.损伤演变对混凝土强度的影响[D].武汉:华中科技大学,2006

[90] 过镇海. 混凝土的强度和本构关系[M]. 北京:中国建筑工业出版社,2004
[91] 施士升. 冻融循环对混凝土力学性能的影响[J]. 土木工程学报,1998,30(4):35-42
[92] 朱劲松,宋玉普,肖汝诚. 混凝土疲劳特性与疲劳损伤后等效单轴本构关系[J]. 建筑材料学报,2005,8(6):609-614
[93] Revuelta D, Cuartero J, Miravete A, et al. A new approach to fatigue analysis in composites based on residual strength degradation[J]. Composite Structures, 2000,48:183-186
[94] 叶笃毅,王德俊,童小燕, 等. 一种基于材料韧性耗散分析的疲劳损伤定量新方法[J]. 实验力学,1999,14(1):80-88
[95] 石小平,姚祖康,等. 水泥混凝土的弯曲疲劳特性[J]. 土木工程学报,1990,23(3):11-22
[96] 曾志斌,李之榕. 普通混凝土梁用钢筋的疲劳 $S-N$ 曲线研究[J]. 土木工程学报,1999,32(5):10-14
[97] 程育仁,李鸿发,王家石,等. 热轧钢筋的疲劳行为[J]. 北方交通大学学报,1987(4):32-38
[98] 庞林飞. 钢筋混凝土板疲劳损伤识别及疲劳寿命预测[D]. 南京:东南大学,2004
[99] 江淼. CFRP 片材加固混凝土板的疲劳性能分析[D]. 南京:东南大学,2005
[100] 张轲,叶列平,岳清瑞. 预应力碳纤维布加固混凝土梁弯曲疲劳性能试验研究[J]. 工业建筑,2005,35(8):13-19
[101] 张建伟,杜修力,等. 预应力芳纶纤维布加固混凝土梁的疲劳试验[J]. 北京工业大学学报,2009,35(1):70-77
[102] 江见鲸,陆新征. 利用 ANSYS Solid65 单元分析复杂应力条件下的混凝土结构[J]. 建筑结构,2003(6):22-24